उलगुलान करो आज

मनोहरण लाल मुंडा

KAVYA
PUBLICATIONS

Publisher:

SDR INNOWAYS INDIA PVT. LTD.
667, Rajaward, Kulpahar, Mahoba - 210426

Imprint:
KAVYA PUBLICATIONS
Plot No.107C, Hanuman Khand, Gulabvatika, Behta Hazipur, Loni-UP (Near Dilshad Garden Delhi) NCR - 201102

Mob. : 7905266820
Website : www.kavyapublications.com
E-Mail : info@kavyapublications.com

ISBN : 978-93-6431-435-0
Price : 299/-
Year : 2025 /-

This book is printed at MTL and published by author Ajay Agrawal, CEO of SDR Innoways India Pvt. Ltd. Kulpahar Mahoba with its imprint and centre, Kavya Publications Delhi.

भूमिका

यह सिर्फ़ कविता पुस्तक नहीं, यह जनचेतना का उबाल है। "उलगुलान करो आज" एक स्वर है - उस अनसुनी आवाज़ का, जिसे सदियों से कुचला गया; वह पुकार है - उस धरती की, जो बार-बार लूटी गई, और वह दस्तावेज़ है - उस संघर्ष का, जो आदिवासी अस्मिता, हक़ और इज़्ज़त के लिए आज भी जारी है।

"उलगुलान करो आज" की कविताएँ आग से जन्म लेती हैं, और आँधी बनकर सवाल उठाती हैं। ये कविताएँ पाठक को केवल भावुक नहीं करतीं, बल्कि झकझोरती हैं, माँग करती हैं - सोचने की, खड़े होने की, और ज़रूरत पड़े तो टूट पड़ने की।

कविता "उलगुलान करो आज", से लेकर "एक घूंट में डूब गई जिंदगी" तक, - ये सिर्फ़ शीर्षक नहीं, बल्कि एक जंग का उद्‌घोष हैं। इन कविताओं की ताक़त यह है कि ये एक साथ आदिवासी चेतना, किसान संघर्ष, मज़दूर पीड़ा, स्त्री प्रतिरोध और लोकतंत्र के खोखलेपन को पकड़ लेती हैं।

कविता न केवल भाषा का विद्रोही प्रयोग करता है, बल्कि प्रतीकों को जनचेतना का औज़ार बना देता है - कोयला, हल-फावड़ा, मंदिर-

स्कूल, भूख, पानी, कुर्सी, सपने - सब कुछ कविता में बदल कर क्रांति की जुबान बोलने लगता है।

यह संग्रह उस पाठक को आमंत्रित करता है जो कविता में 'सौंदर्य' नहीं, 'साहस' खोजता है। जो कविता को 'भावुकता' नहीं, 'हथियार' मानता है। यह संग्रह गाँव की उस आँसू भरी चुप्पी को शब्द देता है, जो संसद के शोर में दबा दी जाती है।

"उलगुलान करो आज" - यह एक कालजयी वाक्य नहीं, बल्कि आज की सबसे ज़रूरी मांग है। और यह उसी मांग का विस्तार है।

मनोहरण लाल मुंडा

रांची, झारखंड

01 जून 2025

अनुक्रमणिका

1. उलगुलान करो आज

नहीं पड़ रहा है यहाँ उलगुलान का छाँव,
हड़िया दारू मे डूब गया है पूरा गाँव।

लूट मचा है सोना लेकान दिसुम में
छोटानागपुर की इस सुंदर थान में।
शोषक जाल बिछाये बैठे यहीं हैं,
क्यों धनुष उठाए बिरसा नहीं है?

रोटी नहीं खाने को, सर छुपाने को छत,
महुआ पानी पीने को जन- जन है रत।
सूदखोरी की दारू भाटी चल पड़ी है,
मालूम नहीं उन्हे जनविरोधी पार्टी खड़ी है?

खेती से बेदखल इन्हे सूदखोर करते,
उन खेतों में ही खेत मजदूरी करते।
बन चरवाहा शोषकों की बेगारी करते,
रात में बैलों संग गोहालों में सोते।

नहीं पड़ रहा है यहाँ उलगुलान का छाँव,
हड़िया दारू मे डूब गया है पूरा गाँव।

पहाड़ टूट रहा है, जंगल कट रहा है,
कोई कुछ नहीं बोलता, गाँव लूट रहा है।
कोयल - मोर सुगा - मैना रो रहा है,
पी हड़िया - दारू गाँव सो रहा है।

नदी सुख रही है, पौधे मुरझा रहे हैं,
खेतों में धान नहीं, कारखाने लग रहे हैं।

प्रतिरोध की लड़ाई नहीं लड़ रहे हैं
अपनी ही जमीन पर पाँव उखाड़ रहे हैं।

बहु- बेटी पर अत्याचार बढ़ रहा है,
बच्चा पीने को दूध तड़प रहा है।
जंगल में आग कौन लगा रहा है,
हड़िया- दारू पी गाँव क्यों सो रहा है?

नहीं पड़ रहा है यहाँ उलगुलान का छाँव,
हड़िया दारू मे डूब गया है पूरा गाँव।

कोई हिन्दू तो कोई ईसाई बना रहा है,
कोई बाजा आरक्षण का बजा रहा है।
इंसान को यहाँ मतिमंद कर रहा है,
शोषण के जालों में उलझा रहा है।

हड़िया- दारू को जो संस्कृति बता रहा है,
लुटने की ही विकृति, वही छुपा रहा है।
गाँव एकजुट कभी नहीं हो रहा है,
हड़िया- दारू में ही डूब रहा है।

हड़िया- दारू छोड़, उलगुलान करो आज,
इस सुंदर थान की बचाये रखो लाज।
शोषक- लुटेरों के खिलाफ करो आगाज,
हड़िया- दारू छोड़, उलगुलान करो आज।

जनकविता “उलगुलान करो आज” के बारे में

जनकविता "उलगुलान करो आज" एक सशक्त, जुझारू और प्रतीकात्मक रचना है, जो आदिवासी समाज की वर्तमान स्थिति, आंतरिक विघटन और बाहरी शोषण को गहराई से उजागर करती है।

1. विषय वस्तुः

यह कविता आदिवासी समाज की सामाजिक, आर्थिक और सांस्कृतिक दुर्दशा पर केंद्रित है। यह हड़िया-दारू की लत, शोषण, बेगारी, भूमि से विस्थापन, नारी उत्पीड़न, प्राकृतिक संसाधनों की लूट और राजनीतिक धोखे को रेखांकित करती है। साथ ही यह बिरसा

मुंडा के उलगुलान की अनुपस्थिति को महसूस करते हुए नये जन-जागरण और प्रतिरोध का आह्वान करती है।

2. बिंब:

कविता में प्रयुक्त बिंब अत्यंत प्रभावशाली हैं:

"हड़िया दारू में डूब गया है पूरा गाँव" - आदिवासी समाज की निष्क्रियता का प्रतीकात्मक चित्रण। "कोयल- मोर सुगा- मैना रो रहा है" - प्रकृति की पीड़ा को मानवीय संवेदना के साथ जोड़ा गया है। "रात में बैलों संग गोहालों में सोते" - खेत मजदूरों की अमानवीय दशा का सजीव बिंब। "पौधे मुरझा रहे हैं, खेतों में धान नहीं" - पर्यावरणीय और आर्थिक संकट का संकेत।

3. भाव पक्ष:

कविता में गंभीर पीड़ा, क्रोध, हताशा और अंत में जागृति का आवाहन गहराई से व्यक्त हुआ है। यह हताशा के अंधेरे से निकलकर जनचेतना की लौ जलाने की प्रेरणा देती है।

4. शिल्प पक्ष:

छंद: कविता नियमित और दोहरावयुक्त शैली में रची गई है, जो लोक-

गीतात्मक लय के करीब है।

पुनरुक्ति: "हड़िया-दारू में डूब गया है पूरा गाँव" - इस पंक्ति का आवर्ती प्रयोग कविता को स्मरणीय बनाता है।

प्रेरणात्मक अंत: अंतिम दोहराव में स्पष्ट संदेश है - "हड़िया- दारू छोड़, उलगुलान करो आज", जो आह्वान की तरह काम करता है।

5. विचार पक्ष:

कविता में आदिवासी विमर्श, सामाजिक न्याय, आत्म-संस्कार, और शोषण के विरुद्ध प्रतिरोध की गूंज है। यह संस्कृति के नाम पर थोपे गए नशे और विकास के नाम पर लूट का पर्दाफाश करती है। यह बिरसा मुंडा की परंपरा से प्रेरणा लेकर नवउलगुलान की आवश्यकता को स्पष्ट करती है।

6. संप्रेषणीयता:

कविता की भाषा सरल, प्रवाहमयी और जन-भाषा के निकट है। इसमें लोक-शब्द, मुहावरे और सहज प्रतीकों का प्रयोग इसे जनप्रिय और प्रभावी बनाता है। किसी मंच या जनसभा में इसे गा या पढ़कर लोगों को आसानी से जोड़ा जा सकता है।

7. नवीनता :

यह कविता आदिवासी समाज के आंतरिक विघटन (नशा, अलगाव) को भी शोषण जितना ही बड़ा मुद्दा मानती है - यह दृष्टिकोण इसे मौलिक बनाता है। "हड़िया-दारू संस्कृति" पर प्रश्नचिन्ह लगाकर यह आलोचनात्मक स्वावलोकन प्रस्तुत करती है, जो अक्सर जनकविता में कम दिखता है।

8. सामाजिक-सांस्कृतिक संदर्भ:

झारखंड और छोटानागपुर के आदिवासी क्षेत्र में हड़िया-दारू, भूमि संघर्ष, कंपनी राज, राजनीतिक प्रपंच और सांस्कृतिक अस्मिता के संकट आज भी प्रासंगिक हैं। यह कविता इन संदर्भों में एक जागरूकता और प्रतिरोध का घोषणापत्र बन जाती है।

9. अंत में:

"उलगुलान करो आज" सिर्फ एक कविता नहीं, बल्कि जन चेतना का घोष है। यह एक ऐसी पुकार है जो आदिवासी समाज को अपने आंतरिक संकटों से उबरने और बाहरी शोषण से लड़ने के लिए प्रेरित करती है। इसकी शक्ति इसके प्रतीकों, जनभाषा और विचारधारा में निहित है।

2. माटी नहीं बिकेगी

यह माटी है बलिदानों की,
यह गाथा है जयगानों की।
जिसमें बहती वीरों की सांस,
जिसने जगा दी क्रांति-प्यास।

जिसे तुम समझो बंजर खेत,
वह रक्त-रंजित जन-आँखें हैं।
जिस धरती ने जन्मा बिरसा,
उसकी ललकारें बाकी हैं।

हर चप्पा इसका इतिहास कहे,
हर कण में संघर्ष पलते हैं।

यह गीत नहीं, हुंकार बनी,
जो माटी में दीपक जलते हैं।

अब लूट के नक्शे मत बाँटो,
सरकारी छल-चुप्पी छोड़ो।
हमको उखाड़ो, फिर देखो,
धरती कांपे, सत्ता तोड़ो!

हम परदेसी शासन के दिन,
खून से धो चुके धरती को।
अब नव-लुटेरे, हो सावधान,
मत तोलो फिर से माटी को!

पलायन नहीं हमारा धर्म,
न बिकेगा जीवन का मर्म।

डेवलपमेंट की झूठी बात,
हम समझे हैं विष का घात!

रेत नहीं, यह रक्त मिला है,
काया के संग यह खिला है।
हर वृक्ष यहाँ वंशज मेरा,
हर पत्थर मेरा किला है।

नकली चेक, पुनर्वास नहीं,
माटी से बढ़कर मूल्यास नहीं।
हम खेत नहीं, संघर्ष बोएँ,
हर बीज बनेगा युद्ध घोषणाएँ।

जिस माटी से नाम हुआ है,
वही हमारी जान हुआ है।

कागज़ों से क्या छीनोगे,
हमको न गुलाम कर लोगे!

छू लोगे तो आग उगाएँगे,
बोलो तो बगावत लाएँगे।
माटी की छाती बोलेगी,
यह माटी नहीं बिकेगी!

हम जल-जंगल के प्रहरी हैं,
हम अपनी जात न छोड़ेंगे।
तुम विकास के नाम पे लाओ,
हम सत्याग्रह की चोट देंगे।

कोई कमीशन, कोई बांड,
हमको बहका ना पाएंगे।

तुम कानून की बात करोगे,
हम जंतर-मंतर छाएंगे।

हर गांव बनेगा मोर्चा अब,
हर बूढ़ा जन सरहद होगा।
तुम गोली दोगे, देखो फिर,
हर बच्चा बारूद होगा।

हमें मिटाना आसान नहीं,
हम बीजों की जात हैं भाई।
हम उगते हैं जन-जन में फिर,
तूफानों से न दोस्ती निभाई।

बिकेगी नहीं, झुकेगी नहीं,
यह माटी अब जाग गई है।
इतिहास के इस मोड़ पर फिर,
जनक्रांति की आग लगी है!

जनकविता "माटी नहीं बिकेगी" के बारे में

यह जनकविता "माटी नहीं बिकेगी" एक अत्यंत प्रभावशाली, जुझारू और प्रतीकात्मक रचना है, जो आदिवासी चेतना, भूमि अधिकार, और

नव-उपनिवेशवादी विकास मॉडल के विरुद्ध प्रतिरोध को स्वर देती है।

1. विषय वस्तु:

कविता का केंद्रीय विषय भूमि (माटी) के प्रति निष्ठा और संघर्ष है। यह कविता आदिवासी समाज की उस चेतना का उद्घोष करती है जो ज़मीन को मात्र संपत्ति नहीं, बल्कि अस्मिता, इतिहास, बलिदान और जीवन का मूल स्रोत मानती है। इसके माध्यम से "विकास" के नाम पर हो रहे विस्थापन, लूट, और संस्कृति के अपमान के खिलाफ एक स्पष्ट विरोध दर्ज होता है।

2. बिम्ब पक्ष:

कविता में बिम्बों की प्रचुरता है, जो इसे अत्यंत दृश्यात्मक और प्रभावशाली बनाते हैं:

"माटी में दीपक जलते हैं" - मिट्टी में उम्मीद और प्रतिरोध की चेतना। "हर वृक्ष यहाँ वंशज मेरा, हर पत्थर मेरा किला है" - से गहरा आत्मिक संबंध। "हर बूढ़ा जन सरहद होगा, हर बच्चा बारूद होगा" - संघर्ष की पीढ़ियों में पैठ।

3. भाव पक्ष:

यह कविता क्रोध, पीड़ा, आत्मसम्मान और संकल्प की भावनाओं से ओतप्रोत है। इसका स्वर आक्रोश और चेतावनी का है, जो पाठक को झकझोर देता है। भावनाओं की तीव्रता के कारण कविता केवल साहित्यिक नहीं, बल्कि एक आंदोलनात्मक घोषणापत्र बन जाती है।

4. शिल्प पक्ष:

छंदबद्धता और लयबद्धता इसे जनगीत जैसा बनाती है। दोहा-जैसी संरचना और तुकांत योजना इसे कंठस्थ करने योग्य और संप्रेषणीय बनाती है। आवृत्ति और दोहराव ("बिकेगी नहीं", "माटी नहीं बिकेगी") कविता में संघर्ष की दृढ़ता को और गाढ़ा करते हैं।

5. विचार पक्ष:

यह कविता भूमि अधिकार, सामाजिक न्याय, स्वदेशी चेतना, और नव-उपनिवेशवाद के विरोध से जुड़ी विचारधाराओं को धारदार ढंग से प्रस्तुत करती है। इसमें आदिवासी दृष्टिकोण से विकास की परिभाषा को चुनौती दी गई है - "डेवलपमेंट की झूठी बात, हम समझे हैं विष का घात।"

6. संप्रेषणीयता:

कविता की भाषा सरल, प्रवाहपूर्ण और सजीव है। यह सीधे जनमानस से संवाद करती है - खासकर उन समुदायों से जिनके संघर्ष को वह स्वर दे रही है। यह नाटक, जनसभा और गीत रूप में गाई जा सकने वाली कविता है।

7. नवीनता:

हालाँकि भूमि संघर्ष और आदिवासी अस्मिता पर कई कविताएँ रची गई हैं, इस कविता की नवीनता इसकी आधुनिक राजनैतिक संदर्भों, तीव्र बिंबात्मकता, और स्पष्ट क्रांतिकारिता में है। यह कविता लोकवाणी और समकालीन चेतना का संगम है।

8. सामाजिक-सांस्कृतिक संदर्भ:

यह कविता झारखंड, छत्तीसगढ़, ओडिशा, आदि राज्यों में आदिवासी समाज के विस्थापन, कॉर्पोरेट लूट, सरकार की पुनर्वास विफलताओं और नवसाम्राज्यवाद के खिलाफ सामाजिक प्रतिरोध से गहरे जुड़ी है। यह बिरसा मुंडा जैसे ऐतिहासिक प्रतीकों को स्मरण कर समकालीन जनसंघर्षों को वैचारिक आधार देती है।

9. अंत में:

"माटी नहीं बिकेगी" एक जनकविता मात्र नहीं, बल्कि एक सांस्कृतिक प्रतिरोध का घोष है। यह कविता मिट्टी के सवाल पर खड़े होने वाले जन-आंदोलनों के लिए एक सशक्त काव्यात्मक औजार बन सकती है। इसकी भावात्मक तीव्रता, प्रतीकों की शक्ति, और विचारधारा की स्पष्टता इसे समकालीन हिंदी जनकविता की अग्रणी रचनाओं में स्थान दिलाती है।

3. कोयला हमारा, मुनाफा तुम्हारा

कोयले की कालिख चेहरा है,
मेहनत ही हमारी गहना है।
धरती के सीने में जो जलता,
वो सोना हमारा सपना है।

झरिया, जंगल, खदानों से,
तुम दौलत ढोते जाते हो।
हम लहू बहाते, तुम हँसते,
ये न्याय कहाँ दिखलाते हो?

खोदी गई है छाती इसकी,
निकला लोहा, सोना, बॉक्साइट।

पर पूछा कब तुमने हमसे,
कहाँ है हमारे भी अधिकार-राइट?

तुम्हारे टावर बिजली पिए,
हम अँधियारे में जलते हैं।
तुम्हारे बच्चे स्कूल चलें,
हम भूखे पेट ही पलते हैं।

डोज़र चलता, ट्रक गरजता,
धुएँ में दम है बस्ती का।
रोका तो मुकदमा मिलता,
हिसाब यही है सस्ती का।

सरकारें आईं, रहीं वादे,
झूठे कागज़ बाँट गईं।
लेकिन भूख, बीमारी, मजदूरी,
हर पीढ़ी को छाँट गईं।

कहो दिल्ली, कहो रांची,
अब कब तक ये तमाशा है?
हमसे ही जलता हिन्दुस्तान,
फिर भी तुमको क्या आशा है?

खनिज हमारा, खून हमारा,
फायदा सिर्फ तुम्हारा क्यों?
हमने सहा है जो तुमने लूटा,
उस पर भी अधिकार तुम्हारा क्यों?

अब सवाल करेगा आदिवासी,
अब न बिकेगा जंगल-जंगल।
अब दस्तावेज़ नहीं जलेंगे,
अब उठेगी मशाल, नगाड़ा, मंगल!

गीत नहीं अब ललकार होगी,
धुँधले नक्शे पार होंगे।
जहाँ तुमने खनन किया है,
वहाँ उलगुलान फिर बार होंगे।

कोयला जो जलता है, सुन लो,
अब आँधियाँ उठाएगा।
जनता का रेला निकलेगा,
तुमको सच बतलाएगा।

न न्याय मिला, न भाग मिला,
बस श्रम से रिश्ता जोड़ा।
अब इतिहास बदलने को,
हमने हुल बोया, बीज मोड़ा।

तो सुनो, लुटेरों के शासन!
ये माटी अब जाग रही है।
उठो, उठाओ झंडा अब,
जनक्रांति की आग रही है!

जनकविता "कोयला हमारा, मुनाफा तुम्हारा" के बारे

यह जनकविता "कोयला हमारा, मुनाफा तुम्हारा" समकालीन सामाजिक-आर्थिक शोषण और प्राकृतिक संसाधनों के दोहन के विरुद्ध एक तीव्र जन-विरोध का स्वर है। यह कविता राँची, दिल्ली जैसे प्रतीकों के सहारे खनिज आधारित नव-उपनिवेशवाद के खिलाफ आदिवासी और श्रमिक चेतना का साहित्यिक प्रतिरोध प्रस्तुत करती है।

1. विषय वस्तुः

कविता का केंद्रीय विषय प्राकृतिक संसाधनों (विशेषकर कोयला) पर पूंजीवादी लूट और उसमें आदिवासी-श्रमिक समुदायों के शोषण को केंद्र में रखता है। यह "कोयला हमारा, मुनाफा तुम्हारा" जैसे नारे को विचारधारात्मक स्तर पर विस्तार देता है। कविता में प्रतिरोध, असमानता, और पुनः दावा की भावना प्रमुख है।

2. बिंब पक्ष:

कविता में अनेक शक्तिशाली बिंब हैं, जो जनजीवन और शोषण को मूर्त रूप देते हैं:

"कोयले की कालिख चेहरा है" - खनिकों की पहचान शोषण से जुड़ गई है। "धरती के सीने में जो जलता, वो सोना हमारा सपना है" - खनिजों को जीवन-सपने से जोड़ा गया है। "डोज़र चलता, ट्रक गरजता, धुएँ में दम है बस्ती का" - खनन का पर्यावरणीय और सामाजिक विनाश। "अब दस्तावेज़ नहीं जलेंगे, अब उठेगी मशाल, नगाड़ा, मंगल!" - संघर्ष के सांस्कृतिक प्रतीकों का बिंबात्मक आह्वान।

3. भाव पक्ष:

कविता पीड़ा, रोष, चुनौती और संकल्प की गहन भावभूमि पर टिकी है। इसमें शोषित समुदाय की अवमानना, उपेक्षा और अंततः जागरण की यात्रा को चित्रित किया गया है। भाव पक्ष इतना प्रभावशाली है कि यह पाठक को भीतर तक आंदोलित करता है।

4. शिल्प पक्ष:

तुकबंदी सरल और सटीक है, जो कविता को लोकगीत जैसी लय देती है। दोहा और मुक्त छंद का मिश्रण इसे प्रभावशाली बनाता है - कहीं-

कहीं ध्वनि प्रधानता, कहीं अर्थ प्रधानता। "अब..." "तो सुनो..." जैसे आह्वानात्मक प्रयोग कविता को घोषणा-पत्र का स्वर देते हैं।

5. विचार पक्ष:

यह कविता एक प्रखर वर्ग-संघर्ष और आदिवासी अधिकार की विचारधारा को स्वर देती है। यह पूंजीवादी विकास मॉडल, राज्य और कॉर्पोरेट गठजोड़, तथा आदिवासियों के हाशियाकरण की सजग आलोचना करती है। "हमने हुल बोया" जैसे पंक्तियाँ कविता को ऐतिहासिक संघर्षों से जोड़ती हैं।

6. संप्रेषणीयता:

भाषा सरल, संवादात्मक और सीधे जन के अनुभव से जुड़ी है। कविता में ऐसे प्रतीक और शब्द हैं जो आम जनता, विशेषकर खनन क्षेत्रों में रहने वाले लोगों की जुबान से मेल खाते हैं। यह कविता नाटक, रैली, जनसभा या पोस्टर के रूप में भी प्रभावी संप्रेषण कर सकती है।

7. नवीनता:

इस कविता की नवीनता इसके स्थान-विशेष की ठोस यथार्थता (झरिया, राँची, बिजली, स्कूल, ट्रक, दस्तावेज़ आदि) और उसे जनसंघर्ष के प्रतीकों (उलगुलान, हुल, नगाड़ा) से जोड़ने में है। यह

कविता पुरानी जनकविता परंपरा को समकालीन राजनीति से जोड़ने का नया तरीका प्रस्तुत करती है।

8. सामाजिक-सांस्कृतिक संदर्भ:

कविता झारखंड, ओडिशा, छत्तीसगढ़ जैसे खनिज-समृद्ध लेकिन विस्थापन और शोषण से त्रस्त क्षेत्रों के सामाजिक यथार्थ पर आधारित है। यह आदिवासी और श्रमिक समुदायों के इतिहास, संस्कृति, और आंदोलन की चेतना को वर्तमान से जोड़ती है। "उलगुलान फिर बार होंगे" कहकर यह सीधे बिरसा मुंडा के प्रतिरोध को वर्तमान संघर्ष से जोड़ती है।

9. अंत में:

"कोयला हमारा, मुनाफा तुम्हारा" एक प्रभावशाली जनकविता है जो न केवल शोषण का चित्रण करती है, बल्कि उससे उभरती क्रांति की चेतना को भी स्वर देती है। यह कविता पूँजी के विरुद्ध श्रम की लड़ाई, और विस्थापन के विरुद्ध आत्मसम्मान की पुकार है। साहित्य और आंदोलन का ऐसा मेल समकालीन हिंदी कविता में बहुत आवश्यक और प्रासंगिक है।

4. अब तो पेट खाली है!

कभी नदी थी मछली वाली,
गीतों संग थी जाल हमारी,
हरियाली में नाचे जंगल,
धरती थी जैसे त्योहार हमारी।

माहुरी की गूंज थी प्यारी,
धानों में महक थी सुखकारी,
महुआ, साल, तसर के संग,
जीवन था गौरवशाली, न्यारी।

अब तो काट दिए वन सारे,
बाँधों ने रोका धाराओं को,
न मछली, न चारा बाकी,
ठेका, पुलिस, पहरा हर मोड़ को।

हमसे करम भी छीना गया,
जिससे पले-बढ़े हम सारी,
कागज माँगा, परंपरा भूला,
सदियों की पहचान उतारी।

तुमने विकास के नाम लिखा,
हमसे जीने का हक छीना,
तालाब भरे, खेत गिरवी,
कुँए सुखाए, सपना छीना।

अब भूखों पर योजना बैठी,
भोजन तक पर पहरा भारी,
हम पत्तों से थाली रचते,
आज बने हम भुखमरी की सवारी।

कंपनी आई, माप कर गई,
जिसे तुमने 'एरिया' माना,
हमने जिसे माँ कहा जीवन भर,
तुमने उसे "प्लॉट" बतलाना।

स्कूल खुले पर भाषा छिनी,
कागज छपा पर अस्मिता गायब,
हमने पहाड़ों से पढ़ा लिखा,
तुमने कहा - 'सिविल' हो जाओ अब।

जिन हाथों ने हल चलाया,
वो अब फावड़े ढोते हैं,
जिन पाँवों से खेत जिए थे,
वो अब शहरों में सोते हैं।

कह दो दिल्ली, सुन ले रांची,
भीख नहीं, अधिकार चाहिए,
जंगल, नदी, खेत-खलिहान,
हमको अपना आधार चाहिए।

हमसे जो छीना वो लौटाओ,
कर्ज नहीं, इंसाफ चाहिए,
अब क्रांति की आग जलेगी,
अब जन-जंगल का राज चाहिए!

अब गीत नहीं, गूंज उठेगा,
अब बीज नहीं, बगावत होगा,
अब भीड़ नहीं, जन-सैलाब चलेगा,
अब निर्णय गाँव से होगा!

जनकविता "अब तो पेट खाली है" के बारे में

यह जनकविता आदिवासी समाज के विस्थापन, सांस्कृतिक विघटन, आजीविका संकट और विकास के छलावे को उद्‌घाटित करती है। कविता में भूख, अन्याय और सांस्कृतिक दमन के विरुद्ध एक संगठित जनचेतना की पुकार है, जो आदिवासी अस्मिता और आत्मनिर्भरता की नई परिभाषा गढ़ती है।

1. विषय वस्तु:

इस कविता की मूल विषयवस्तु है, आदिवासी जीवन का उजड़ना और पुनः पुनः न्याय की मांग। कविता विकास बनाम अधिकार, संस्कृति बनाम कागज़ी शासन, और भूख बनाम नीति के टकराव को चित्रित करती है। "अब तो पेट खाली है!" - यह पंक्ति भूख और अपमान के चरम यथार्थ की प्रतिनिधि बन जाती है।

2. बिंब पक्ष:

कविता में अद्भुत और गहरे बिंबों का प्रयोग है:

"धरती थी जैसे त्योहार हमारी" - जीवन की उत्सवधर्मिता को दर्शाता है। "पत्तों से थाली रचते, आज बने हम भुखमरी की सवारी" - पारंपरिक आत्मनिर्भरता बनाम आधुनिक भूख का बिंब। "माँ कहा जीवन भर, तुमने उसे प्लॉट बतलाना" - सांस्कृतिक श्रद्धा बनाम पूंजीवादी दखल। "अब बीज नहीं, बगावत होगा" - बीज का रूपक प्रतिरोध में बदलता है। इन बिंबों के माध्यम से कविता पाठक को संवेदनात्मक और दृश्यात्मक स्तर पर झकझोरती है।

3. भाव पक्ष:

भाव पक्ष में विस्थापन की पीड़ा, आक्रोश, विडंबना और जागरूकता का सुंदर समन्वय है। शुरुआत में स्मृति और खोया हुआ गौरव का है, मध्य में व्यवस्था पर आक्रोश और कटाक्ष, अंत में जन-अधिकारों की क्रांतिकारी चेतावनी।

4. शिल्प पक्ष:

कविता में पारंपरिक छंदों का लोच और आधुनिक कविता का तीखापन साथ-साथ है।

तुकबंदी, पुनरुक्ति और यमक का प्रभावशाली प्रयोग है: जैसे -

"अब गीत नहीं, गूंज उठेगा,
अब बीज नहीं, बगावत होगा।"

भाषा सहज, जन-संवादी, और संप्रेषणीय है - जो इसे लोकगीत और नुक्कड़ शैली के लिए अनुकूल बनाती है।

5. विचार पक्ष:

कविता स्पष्ट रूप से विकास की आदिवासी विरोधी राजनीति, कारपोरेट कब्जा, विस्थापन, और भाषिक-सांस्कृतिक उपनिवेशवाद की आलोचना करती है।

यह कहती है:

"हमने पहाड़ों से पढ़ा लिखा,

तुमने कहा - 'सिविल' हो जाओ अब।"

यह 'सभ्यता' के नाम पर आदिवासीपन के अपमान की तीखी आलोचना है। कविता जनपक्षधर और प्रतिक्रांतिकारी चेतना से संपृक्त है।

6. संप्रेषणीयता:

कविता में जो पीड़ा और विद्रोह है, वह अत्यंत सहज और स्पष्ट है। कविता सीधे ज़मीन के सवालों से बात करती है। इसे गांवों की चौपाल, आंदोलनों की रैली, स्कूल-कॉलेज के पोस्टर, या नुक्कड़ नाटकों में प्रभावी रूप से इस्तेमाल किया जा सकता है।

7. नवीनता:

इस कविता की नवीनता इस बात में है कि यह भूख, विस्थापन, और सांस्कृतिक अपमान को विकास के भाषाई छल के खिलाफ एक आलोचनात्मक प्रतिवाद में बदलती है।

"अब निर्णय गाँव से होगा!" - यह विकेंद्रित लोकतंत्र की घोषणा है, जो समकालीन जनसंघर्षों के लिए बेहद प्रासंगिक है।

8. सामाजिक-सांस्कृतिक संदर्भ:

यह कविता झारखंड, ओडिशा, छत्तीसगढ़ जैसे राज्यों के आदिवासी समाजों की समकालीन विडंबनाओं का चित्रण है -

जहाँ जीवनशैली, भाषा, आजीविका और पहचान को "विकास" के नाम पर लगातार मिटाया जा रहा है। "स्कूल खुले पर भाषा छिनी" - यह भाषिक-सांस्कृतिक दमन का सटीक चित्रण है। "कंपनी आई, माप कर गई" - यह भौगोलिक-सांस्कृतिक उपनिवेश का प्रतीक है।

9. अंत में निष्कर्ष:

"अब तो पेट खाली है!" एक आदिवासी आत्मकथा और जनसंघर्ष की सामूहिक चेतना है, जो भूख, विस्थापन, और सांस्कृतिक उखड़न के विरुद्ध जन-प्रतिरोध की आहट देती है। यह कविता साहित्यिक दृष्टि से भी सशक्त है और आंदोलनात्मक संप्रेषण में भी अत्यंत प्रभावी।

5. बाहरी नहीं, बुनियादी चाहिए!

हमने नहीं बुलाया तुम्हें,
ना न्योता था, ना ज़मीन बेची,
फिर क्यों हमारे गाँवों में
तुमने दुकानें, मॉल और सत्ता बिछा दी?

हमारे हाट में अब तुम्हारी बोली,
हमारे खेत में तुम्हारा दाम,
हमारे बच्चों की पढ़ाई में
तुम्हारा झूठा स्वाभिमान।

तुम आये थे मज़दूरी करने,
अब बन बैठे हो ठेकेदार,

तुम्हारे 'समिति' में हमारे नाम नहीं,
पर तुम्हारे फॉर्म में हम 'अनपढ़' हर बार!

हमारी लड़कियों को तुमने घेरा,
हमारे नशों को तुमने बेचा,
हमारे रीति-रिवाज़ को
"पुराना" कहकर तोड़ा-कसके खींचा।

तुम्हारे नेता हमारे गाँव के
नाम पर सत्ता कमा रहे,
तुम्हारे अफसर हमारे टोले के
जंगल पर भी दावा कर रहे।

ये 'विकास' का नाम लेकर
तुम्हारा कब्ज़ा अब नहीं चलेगा,

हमारे गाँव में अब फिर से
ग्रामसभा, मानकी, मुंडा बोलेगा!

बाहरी नहीं, बुनियादी चाहिए,
पारंपरिक पंचायत की वापसी चाहिए,
तुम्हारे कागज़ की सत्ता नहीं,
हमें तीर-धनुष की आज़ादी चाहिए!

जनकविता "बाहरी नहीं, बुनियादी चाहिए" के बारे

यह जनकविता एक तीखा, क्रांतिकारी और स्पष्ट घोषणापत्र है, जो आदिवासी क्षेत्रों में बाहरी हस्तक्षेप, सांस्कृतिक उपनिवेश और सत्ता कब्ज़े के विरुद्ध उठती आवाज़ को प्रतिनिधित्व देती है। यह सिर्फ विरोध नहीं, एक वैकल्पिक समाज व्यवस्था की पुनःस्थापना की मांग भी है -"ग्रामसभा, मानकी, मुंडा बोलेगा!"

1. विषय वस्तु:

इस कविता की विषयवस्तु है – बाहरी कब्ज़े, सांस्कृतिक दमन, सत्ता की ठेकेदारी और पारंपरिक आदिवासी स्वशासन की पुनर्बहाली।

यह कविता "बाहरी बनाम बुनियादी" की द्वंद्वात्मक संरचना पर खड़ी है, जहाँ "बाहरी" का तात्पर्य सिर्फ प्रवासी या बाहरी व्यक्ति

नहीं, बल्कि पूंजीवादी, प्रशासनिक और सांस्कृतिक कब्ज़े की समग्र संरचना से है।

2. बिंब पक्षः

कविता में कुछ अत्यंत प्रभावशाली सामाजिक-सांस्कृतिक बिंब हैं: "हमारे हाट में अब तुम्हारी बोली" - सांस्कृतिक कब्ज़े का प्रतीकात्मक बिंब। "हमारे खेत में तुम्हारा दाम" - अर्थव्यवस्था पर बाहरी नियंत्रण। "तुम्हारे फॉर्म में हम 'अनपढ़' हर बार!" - संस्थागत अवहेलना और कागज़ी हिंसा का बिंब। "हमें तीर-धनुष की आज़ादी चाहिए!" - सांस्कृतिक प्रतिरोध का प्रतीकात्मक शस्त्रीकरण। ये बिंब कविता को केवल सूचना नहीं, सांस्कृतिक संघर्ष का दृश्यात्मक स्वरूप देते हैं।

3. भाव पक्षः

भाव पक्ष तीव्र, आक्रोशपूर्ण और निर्णायक है:
व्यथित अस्मिताः "हमारी लड़कियों को तुमने घेरा..."
तिरस्कृत पहचानः "तुम्हारे फॉर्म में हम 'अनपढ़' हर बार!"
न्यायपूर्ण आक्रोश और चेतावनीः "अब बन बैठे हो ठेकेदार... अब नहीं चलेगा..."
स्वाभिमानी पुनःदावेः "ग्रामसभा, मानकी, मुंडा बोलेगा!"

भावनाओं की यह तीव्रता कविता को एक जन-आंदोलन की आंतरिक ऊर्जा प्रदान करती है।

4. शिल्प पक्ष:

कविता गद्यात्मक छंद में लिखी गई है - यानी मुक्त छंद, परंतु लयबद्ध संरचना और संवादधर्मी शैली के साथ।

प्रश्न-वाक्य, प्रतिरोधी वाक्यांश, दोहराव का प्रयोग प्रभावशाली है: "हमारे _ में तुम्हारा _" जैसी संरचना पाठक में कौंध पैदा करती है। अनुप्रास और तुक की छाया होने के बावजूद कविता में कोई बंधन नहीं है, जो इसे क्रांतिकारी जनभाषा का रूप देता है।

5. विचार पक्ष:

यह कविता वैचारिक रूप से बहुत स्पष्ट और निर्णायक है: सांस्कृतिक राष्ट्रवाद के विरोध में स्थानीय आत्मनिर्भरता की वकालत। संवैधानिक सत्ता बनाम परंपरागत स्वशासन की बहस को स्पष्ट करती है। स्त्री सम्मान, शिक्षा, भाषा, हाट-बाज़ार, ग्रामसभा - सब पर कब्ज़े की आलोचना करती है। कविता यह भी कहती है कि "विकास" स्थानीय सहमति और भागीदारी से नहीं, बल्कि कब्ज़े और दमन से हुआ है।

6. संप्रेषणीयता:

कविता बेहद प्रत्यक्ष, स्पष्ट और संवादधर्मी है - यह किसी पोस्टर, मंच, नुक्कड़, ग्रामसभा या आंदोलन में सीधे लोगों की जुबान बन सकती है। यह जनभाषा में लिखी गई है, जिससे इसका असर सीधे ज़मीनी लोगों पर होता है। जैसे:

"तुम आये थे मज़दूरी करने,
अब बन बैठे हो ठेकेदार।"

7. नवीनता:

कविता की नवीनता उसके भाषायी साहस और राजनीतिक स्पष्टता में है: यहाँ कोई धुंधली आलोचना नहीं, बल्कि सीधे और स्पष्ट शब्दों में कहा गया है - "तुम्हारे नेता हमारे नाम पर सत्ता कमा रहे"। यह कविता अल्पसंख्यक भावुकता से निकलकर संस्थागत कब्ज़े और सांस्कृतिक युद्ध की समझ तक जाती है।

8. सामाजिक-सांस्कृतिक संदर्भ:

यह कविता झारखंड, ओडिशा, छत्तीसगढ़ जैसे क्षेत्रों के आदिवासी स्वशासन, सांस्कृतिक संकट और सत्ता की वैधता के प्रश्नों से जुड़ी है।

“ग्रामसभा, मानकी, मुंडा बोलेगा” - यह वन अधिकार अधिनियम 2006, पेसा अधिनियम 1996 और पाँचवीं अनुसूची जैसे कानूनी अधिकारों की पुनःस्थापना की बात करता है। “तुम्हारे फॉर्म में हम ‘अनपढ़’ हर बार” - यह प्रशासनिक भेदभाव की गहरी आलोचना है।

7. अंत में:

"बाहरी नहीं, बुनियादी चाहिए!" कविता आदिवासी समाज की उस लड़ाई की कविता है जो अब उपेक्षा नहीं, निर्णय के स्तर पर भागीदारी चाहती है। यह केवल प्रतिरोध नहीं, बल्कि एक नए सामाजिक अनुबंध की मांग है - जिसमें गाँवों को केवल ‘श्रोता’ नहीं, ‘निर्णायक’ माना जाए।

6. हमारी धरती, हमारा संग्राम

हमसे मत पूछो कितनी बार,
लूटी गई है यह पवित्र पहाड़।
कितनी बार हमारे जंगल,
बिके हैं जैसे कोई व्यापार।

कितनी बार नदियाँ रोतीं,
कितनी बार पेड़ों ने चीखा।
सभ्यता की मशीनी रफ्तार ने,
हमसे जीवन-संगीत छीना।

हमने देखा चूल्हा धुआँता,
पत्तों से बनती थी छाया।

हर घर में था बाँस का बर्तन,
हर गीत में धरती की माया।

हमने सरहुल में फूल चढ़ाए,
मांदर की थाप पे नाचे।
तुमने लॉन उगाया शहरों में,
हमें जंगल से ही काटे।

हमने पहाड़ों को पूजा,
तुमने उन्हें खदान बनाया।
हमने ज़मीन को माँ कहा,
तुमने सौदा खूब रचाया।

तुम कहते हो- "विकास चाहिए",
हम कहते- "पहचान कहाँ है?"

तुम कहते- "हाईवे, बिजली",
हम कहते- "हमारी जान कहाँ है?"

बिरसा की वो गूँज दबाई,
जो जंगल के लिए लड़ा था।
उसके सपनों को बाँध दिया,
जिसने आज़ादी का अर्थ गढ़ा था।

तुम्हारे भाषण चलते रहते,
हमसे ही जंगल छीना जाता।
हमसे ही पानी और ज़मीन,
नाम पर "प्रोजेक्ट" लुटता जाता।

पर सुनो- हम फिर से उठेंगे,
फिर से मांदर बजेगा ग्राम।

हमारी बोली, हमारे गीतों में,
जग उठेगा जन-संग्राम!

नफरत की हर दीवार गिरेगी,
हर पहरुआ नींद से जागेगा।
ज़मीन नहीं सिर्फ़ ज़मीन नहीं,
यह आत्मा का है संघर्ष भव्य।

छुपा लो जितना इतिहास हमारा,
हर बच्चा बोलेगा फिर नाम।
यह झारखंड है- जंगल की चेतना,
यह धरती बोले- “हम हैं विराम!”

जनकविता "हमारी धरती, हमारा संग्राम" के बारे

1. विषय वस्तुः

यह कविता आदिवासी समुदाय की ज़मीन, जंगल, जल और जीवन की लड़ाई को केंद्र में रखती है। यह विकास बनाम पहचान, शोषण बनाम सम्मान, और सभ्यता बनाम प्रकृति के द्वंद्व को उजागर करती है। बिरसा मुंडा, जन-संग्राम, मांदर, सरहुल, खदानों का दैत्य - सभी

प्रतीक आदिवासी प्रतिरोध और सांस्कृतिक जड़ों की रक्षा की पुकार हैं।

2. बिंब:

कविता में बिंबों का अत्यंत सशक्त और सजीव प्रयोग हुआ है:

“नदियाँ रोतीं”, “पेड़ों ने चीखा” - प्रकृति के मानवीकरण द्वारा भावात्मक जुड़ाव। “हमने पहाड़ों को पूजा”, “तुमने खदान बनाया” - पूज्य और पूंजीवादी दृष्टिकोण का विरोध। “धरती बोले- ‘हम हैं विराम’” - पृथ्वी का स्वर मानवी चेतना की अभिव्यक्ति बनता है।

3. भाव पक्ष:

इस कविता में पीड़ा, प्रतिरोध, व्यंग्य, आक्रोश और आशा सभी भावनाएँ गहराई से व्यक्त हुई हैं। यह विस्थापन की वेदना, संस्कृति की हत्या, और सामूहिक संघर्ष की पुकार को आत्मा से छूती है।

4. शिल्प पक्ष:

लय और छंद: मुक्त छंद में होते हुए भी कविता की गति और प्रवाह बने हुए हैं। अनुप्रास, पुनरुक्ति प्रकाश, प्रश्नवाचक शैली, और सशक्त दोहराव ("हमसे मत पूछो", "हम कहते") कविता को संवादधर्मी और

प्रभावी बनाते हैं। संधानात्मक युग्म ("हम कहते- तुम कहते") द्वंद्वात्मकता को स्पष्ट करता है।

5. विचार पक्ष:

यह कविता उपनिवेशी विकास मॉडल, राज्य की दमनकारी परियोजनाओं, और आदिवासी अस्मिता के उन्मूलन पर गहरी आलोचना है। यह मार्क्सवादी, सबाल्टर्न और आदिवासी विमर्शों से जुड़ी हुई है।

6. संप्रेषणीयता:

कविता सीधे जन से संवाद करती है। इसकी भाषा सहज, संप्रेषणीय और सशक्त है। भावनाएँ स्पष्ट हैं और आम पाठक या श्रोता को उद्वेलित करने की क्षमता रखती हैं।

7. नवीनता:

यह कविता पारंपरिक जनकविता शैली को नए प्रतीकों और आधुनिक राजनीतिक संदर्भों से समृद्ध करती है। "विकास चाहिए" बनाम "पहचान कहाँ है?" - यह वाक्य विन्यास राजनीतिक विमर्श में नई धार पैदा करता है।

8. सामाजिक-सांस्कृतिक संदर्भ:

झारखंड और भारत के अन्य आदिवासी क्षेत्रों में जल-जंगल-जमीन पर चल रहे आंदोलनों से गहराई से जुड़ी हुई है। बिरसा मुंडा और सरहुल जैसे सांस्कृतिक प्रतीकों का प्रयोग कविता को क्षेत्रीयता से जोड़ता है और सामुदायिक चेतना को जाग्रत करता है।

9. अंत में:

यह जनकविता एक प्रतीकात्मक, जुझारू और जनोन्मुखी साहित्यिक रचना है जो न केवल आदिवासी अस्मिता की रक्षा करती है, बल्कि पाठक को प्रतिरोध और पुनर्रचना के लिए प्रेरित भी करती है। यह जनता की आवाज़ बनकर, जनांदोलनों की मशाल जैसी भूमिका निभा सकती है।

7. हम लड़े हैं, हम लड़ेंगे!

हमने देखी हैं जली हुई बस्तियाँ,
सुनी हैं चीत्कारें रातों की।
हमसे छीना गया हर अधिकार,
फिर भी चमकी है लौ बातों की।

हमने देखा, कैसे नक्से बदले,
जंगल से उजड़े आदिवासी।
खनिजों की खातिर बेघर हुए,
सत्ता बोली ये है प्रगति की बात सजी!

हमने देखा योजनाओं का छल,
कागज़ों में विकास के मेले।
ज़मीं हमारी, नाम किसी और का,
बाँटे गए हमारे ही हिस्से के खेले।

हम लड़े हैं न्याय के लिए,
गोलियों के बीच गीत गाए हैं।
सत्ता की बंदूकें डर नहीं पातीं,
हमने चिंगारियाँ सजाए हैं।

हम वो हैं जिनके पुरखों ने,
पहाड़ों को राह बनाना सिखाया।
हमने हर झोंपड़ी में चूल्हा जलाया,
हर पत्थर से रिश्ता निभाया।

पर आज हमें ही बताया जाता है,
कि हम नहीं हैं इस धरती के हक़दार।
हमारी पहचान को छीना गया,
झूठे आंकड़ों और जातीय जाल में बारम्बार।

हम लड़े हैं -हम लड़ेंगे,
सच की मशाल लेकर चलेंगे!
हम किसी सर्वे से नहीं बनते,
हम धरती से उपजे संकल्प हैं।

न मानेंगे झूठा गणना-पत्र,
ना सहेंगे आरक्षण का अपमान।
ना बर्दाश्त करेंगे, जब वंचितों के नाम पर,
राज करते जाए कोई चालाक खानदान।

हमसे ना छीनो हमारी परिभाषा,
हम हवा, नदी, जंगल के प्रहरी हैं।
हमने लहू से सिंचा है हर वृक्ष,
हम मिट्टी के गीतों के साक्षी हैं।

हम पूछते हैं सत्ता से,
क्यों एक ही का राज है स्कूलों में?
क्यों कल्याण नाम की ओट में,
फैलती साजिश है फूलों में?

हम लड़े हैं – हम लड़ेंगे,
हर दरबार से टकराएंगे।
नाम मत पूछो, पहचान हमारी,
हम हर पीढ़ी में उग आएंगे।

हम बाबा और बिरसा की संतान,
नागों की तरह लचकते रहेंगे।
हर धोखे का हिसाब रहेगा,
हम इतिहास में भी दहकते रहेंगे।

हां, हम लड़े हैं- हम लड़ेंगे,
हर तख्त को हिलाकर रख देंगे।
जब तक एक भी दिल धड़कता है,
हम अपने हक की बात करेंगे!

जनकविता "हम लड़े हैं, हम लड़ेंगे" के बारे में

यह कविता एक संघर्षशील आदिवासी समुदाय की आवाज़ है जो ऐतिहासिक शोषण, विस्थापन, सांस्कृतिक दमन और राजनीतिक धोखे के खिलाफ लगातार संघर्षरत है। इसमें पहचान, अधिकार, न्याय और स्वाभिमान की पुनर्प्राप्ति की आकांक्षा प्रमुख है।

1. बिंब:

कविता में प्रयुक्त बिंब अत्यंत सशक्त हैं और यथार्थ से गहरे जुड़े हैं। जैसे: "जली हुई बस्तियाँ", "चीत्कारें रातों की" - दमन और त्रासदी का बिंब। "गोलियों के बीच गीत", "चिंगारियाँ सजाए हैं" - संघर्ष और

उम्मीद का प्रतीकात्मक बिंब। "लहू से सिंचा है हर वृक्ष", "मिट्टी के गीतों के साक्षी" - प्रकृति और संस्कृति की एकता को रेखांकित करता है।

2. भाव पक्ष:

कविता में गहन पीड़ा, आक्रोश और जुझारूपन का समन्वय है। इसमें करुणा और क्रांति दोनों का भावस्पर्श मिलता है। कवि का स्वर करुण नहीं, प्रतिरोधात्मक और स्वाभिमानी है।

3. शिल्प पक्ष:

छंद: यद्यपि कविता छंदमुक्त है, परंतु उसमें लयात्मकता और दोहराव की शक्ति है (जैसे - हम लड़े हैं - हम लड़ेंगे), जो इसे एक जनगीत का रूप देती है। अनुप्रास, पुनरुक्ति-अनुप्रास, प्रतीक जैसे अलंकारों का सुंदर प्रयोग है - जैसे "चिंगारियाँ सजाए हैं", "तख्त को हिलाकर रख देंगे"। भाषा सरल, लेकिन सशक्त और प्रभावशाली है।

4. विचार पक्ष:

यह कविता औपनिवेशिकता, पूंजीवाद, राज्य के छल, और सामाजिक न्याय की राजनीति की सघन आलोचना प्रस्तुत करती है। यह

आदिवासी स्वायत्तता, सांस्कृतिक पहचान, जनपक्षधरता और समान प्रतिनिधित्व जैसे विचारों को मजबूती से उठाती है।

5. संप्रेषणीयता:

कविता अत्यंत संप्रेषणीय है। इसकी भाषा, शैली और भाव सभी वर्गों के पाठकों व श्रोताओं तक आसानी से पहुँचते हैं। विशेष रूप से यह नुक्कड़ नाटक, जनगीत, रैली आदि में प्रभावशाली ढंग से प्रयुक्त हो सकती है।

6. नवीनता:

हालांकि प्रतिरोध और संघर्ष के स्वर प्राचीन हैं, लेकिन यह कविता उसे समकालीन संदर्भ (जैसे - कल्याण स्कूलों में वर्चस्व, जातीय आंकड़ों की साजिश, खनिज लूट) से जोड़ती है। इस तरह यह न केवल परंपरा से जुड़ी है, बल्कि आज के राजनीतिक यथार्थ का आलोचनात्मक पाठ भी रचती है।

7. सामाजिक-सांस्कृतिक संदर्भ:

कविता झारखंड और भारत के आदिवासी समुदायों के ऐतिहासिक-सामाजिक संघर्ष की पृष्ठभूमि में रची गई है। यह उलगुलान, बिरसा

मुंडा, जनगणना में पहचान संकट, आरक्षण में वंचना, और वनाधिकार जैसे मुद्दों को स्पष्ट रूप से संबोधित करती है।

8. अंत में:

"हम लड़े हैं, हम लड़ेंगे!" एक सशक्त जनकविता है जो न केवल भावनात्मक स्तर पर पाठकों को आंदोलित करती है, बल्कि वैचारिक और राजनीतिक चेतना भी जगाती है। यह एक लोकधर्मी, संवेदनशील, क्रांतिकारी और आधुनिक जनकविता का सुंदर उदाहरण है, जो साहित्य और आंदोलन के बीच की खाई को पाटती है।

8. हम भारत हैं न कि सिर्फ वोट!

हर चुनाव में गाड़ी भर नेता आता,
पोस्टर, माइक, झूठ का गीत गाता।
कहता - "तुम हो इस देश की जान",
और बन जाता फिर राजधानी का खान।

हाथ जोड़ता, धोती पहनता,
आम आदिवासी जैसा बनता।
पर चुनाव के बाद, एक बार फिर,
हमारी दुनिया से कट जाता है उसका सिर।

हम भारत हैं - न कि सिर्फ वोट!
हम भी हैं इस संविधान के नोट!

ना है स्कूल गाँव में पक्का,
टीचर आता हफ्ते में एक दफा!
अस्पताल दूर, एंबुलेंस गायब,
भूख से मरता बच्चा - नेता कायब!

राशन कार्ड है, पर अनाज नहीं,
दलाल कहे - "नाम लिस्ट में सही नहीं!"
नरेगा में नाम, काम का नंबर,
पर मेट और मुखिया की जेब है गजब के अंदर!

हम भारत हैं - इस मिट्टी के बीज,
हमें नहीं चाहिए झूठी तमीज!

हमने नहीं माँगा था धर्म का जाल,
ना मंदिर-मस्जिद का बेहूदा सवाल!
हमने माँगी थी - जमीन की गारंटी,
वनाधिकार की पुश्तैनी शांति।

हमने माँगा - जल, जंगल और ज़मीन,
पर मिले सिर्फ स्मार्ट सिटी के ग्रीन!
हमसे छीनी गई खान की छाती,
और बना दी गई खून की खेती!

अब नहीं चाहिए भाषण की गोली,
अब नहीं सहेंगे 'विकास' की होली!

जब-जब हमने माँगा हिसाब,
तब-तब बना हमें "देशद्रोही" का ख्वाब।
कहते - "ये नक्सल है, देश से खतरा!",
क्योंकि पूछा-"कहाँ है हमारा तिनका-पत्ता?"

संसद में हमारे नाम से कानून बनते,
पर हमारी भाषा, हमारी बातें मरते!
हमारे नाम पर योजना चले,
पर चेहरा बदल कर कोई और मिले!

हम भारत हैं - हम खुद सवाल हैं,
कुर्सी पर नहीं, हम असली बवाल हैं!

अब और नहीं, अब बहुत हुआ,
अब नारे नहीं - अब फैसला हुआ!

अब हम खुद बनेंगे अपने विधायक,
अब हमारे गाँव में नहीं, कोई भेदभाव की ताक!

क्योंकि हम भी उठाते हैं देश का बोझ,
हम भी करते हैं खेत, खदान, रोज।
हम भी चुकाते हैं टैक्स और वक़्त,
तो क्यों रहें हम हाशिए पर सख़्त?

हम भारत हैं - सिर्फ वोट नहीं,
हम जागे हुए लोग हैं, कोई नोट नहीं!
अब रोटी, जमीन और आत्म-सम्मान चाहिए,
अब संविधान का हर अधिकार चाहिए!

जनकविता "हम भारत हैं न कि सिर्फ वोट" के बारे में

यह जनकविता एक सशक्त, जन-जागरूकता से भरपूर, संघर्षशील और अत्यंत समकालीन राजनीतिक-समाजिक हस्तक्षेप है।

1. विषयवस्तुः

कविता सत्ता की जनविरोधी राजनीति, चुनावी छल, आदिवासी और हाशिए पर खड़े समुदायों के हक-अधिकार, और लोकतांत्रिक

भागीदारी की मांग पर केंद्रित है। यह "हम भारत हैं - न कि सिर्फ वोट" कहकर नागरिक चेतना को केंद्र में लाती है।

2. बिंब पक्ष:

कविता में ग्रामीण जीवन, आदिवासी परिवेश, सरकारी व्यवस्था के खोखलेपन और राजनीतिक पाखंड के बिंब अत्यंत प्रभावशाली हैं:

"गाड़ी भर नेता", "झूठ का गीत", "धोती पहनता", "भाषण की गोली", "खून की खेती", "देशद्रोही का ख्वाब", "स्मार्ट सिटी के ग्रीन" - ये बिंब दृश्य रूप से झकझोरते हैं और यथार्थ को नाटकीय गहराई से प्रस्तुत करते हैं।

3. भाव पक्ष:

भावनात्मक रूप से यह कविता आक्रोश, व्यंग्य, संघर्ष और आत्म-सम्मान से भरपूर है। इसमें पीड़ा है, लेकिन बेबसी नहीं; इसमें जागरूकता है, विद्रोह है, और निर्णायक चेतना भी।

4. शिल्प पक्ष:

लयबद्धता और छंद: छंदमुक्त होते हुए भी कविता में एक लोकधुननुमा लय है जो जनगीत या नुक्कड़ नाटक के रूप में प्रस्तुत

की जा सकती है।

भाषा: सहज, बिंबात्मक, जनपक्षीय और संप्रेषणीय।

पुनरावृत्ति: "हम भारत हैं - न कि सिर्फ वोट!" जैसी पंक्तियाँ रेखांकित प्रभाव डालती हैं।

सांकेतिकता: 'संविधान के नोट', 'भाषण की गोली', 'देशद्रोही का ख्वाब' जैसी पंक्तियाँ प्रतीकों से लदी हैं।

5. विचार पक्ष:

यह कविता सत्ता के केंद्रीकरण, चुनावी धोखे, सांप्रदायिक एजेंडे, वनाधिकार के हनन और जनविरोधी विकास के खिलाफ एक विचारधारात्मक मोर्चा है। इसमें स्पष्ट रूप से जनवाद, संविधानिक अधिकार, और स्वशासन की मांग का स्वर है।

6. संप्रेषणीयता:

कविता बेहद संप्रेषणीय है - भाषा आमजन की है, संदर्भ स्पष्ट हैं,

और भावनाएं तीव्र हैं। इसे नुक्कड़ नाटक, पोस्टर कविता, जनगीत या सोशल मीडिया वीडियो में तुरंत ढाला जा सकता है।

7. नवीनता:

"हम भारत हैं न कि सिर्फ वोट!" - यह पंक्ति ही कविता की नवीन और क्रांतिकारी पकड़ है। सामान्य चुनावी आलोचना से आगे जाकर यह कविता संवैधानिक चेतना और लोकतंत्र के पुनर्निर्माण की बात करती है, जो इसे एक प्रगतिशील जनघोषणा बनाता है।

8. सामाजिक-सांस्कृतिक संदर्भ:

यह कविता समकालीन भारत के ग्रामीण, आदिवासी और वंचित समुदायों की सच्चाइयों को केंद्र में लाती है। यह झारखंड, छत्तीसगढ़, ओडिशा जैसे राज्यों की आदिवासी राजनीतिक चेतना से जुड़ती है। 'देशद्रोह' बनाम नागरिक सवाल, वनाधिकार बनाम कॉर्पोरेट कब्जा, सांप्रदायिकता बनाम आर्थिक न्याय जैसे मौजूदा संकटों की सीधी आलोचना करती है।

9. अंत में:

यह कविता एक जनचेतनात्मक घोषणापत्र की तरह है - जो सिर्फ चुनावी विरोध नहीं, बल्कि जन भागीदारी, लोकतांत्रिक स्वराज और सामाजिक न्याय की गूंज है। यह एक ऐसी कविता है जिसे सिर्फ पढ़ा नहीं, गाया, मंचित और प्रचारित किया जाना चाहिए।

9. हल-फावड़े की मार से बना देश!

क्या भारत बना सिर्फ तलवार से?

हम कहते हैं - भारत बना हल-फावड़े की मार से!

कंधे पे हल, माथे पे पसीना,

यहीं से निकला है भारत का नगीना।

हमने जोता खेत, बोया बीज,

हमने ही काटा, बाँटा अन्न का तीज।

हमने पहाड़ काटे, नदी को मोड़ा,

हमने ही जंगल का रास्ता जोड़ा।

फिर क्यों कोई मालिक, कोई गुलाम?

क्यों कोई मंदिर में, कोई बाहर शाम?

हमने भी तीर चलाया, रण में लहू बहाया,
क्यों इतिहास में हमें बस मौन दिखाया?

हमने नहीं माँगा था सिंहासन का भाव,
बस माँगा था रोटी, जमीन और चाव।
पर हर बार हमें ही पीछे किया,
धर्म-जाति के नाम पे नीचे किया।

भारत बना पसीने से,
ना कि किसी ताज के ज़मीने से!
हमने ही बनाए घर, किला, बाजार,
फिर क्यों हमारे लिए ताले-दीवार?

जब देश पे आया था खतरा कोई,
हम भी लड़े थे, छिपे नहीं कोई!

नायक थे हम, पर नाम नहीं,
क्यों? क्योंकि जात थी "उपनाम" नहीं?

अब पूछता है गाँव, पूछता है शहर,
कब तक रहेगा ये ऊँच-नीच का ज़हर?
ना हम माँगते दया, ना विशेष दान,
बस चाहिए हक़- संविधान समान।

अब ना रुकेगा सवाल हमारा,
अब ना झुकेगा लाल सितारा!
भारत उसी का, जो श्रम करे रोज़,
ऊँच, ना कोई नीच, सब एक सोच!

जनकविता "हल-फावड़े की मार से बना देश" के बारे में

जनकविता "हल-फावड़े की मार से बना देश" भारत के निर्माण में श्रमिक वर्ग, किसानों, आदिवासियों और दलितों के योगदान को रेखांकित करती है।

1. विषय वस्तुः

यह कविता भारत के निर्माण में श्रमिक वर्ग, किसानों, आदिवासियों और दलितों के योगदान को रेखांकित करती है। यह कविता श्रम

आधारित राष्ट्र की परिकल्पना को सामने लाती है और ऐतिहासिक व सामाजिक अन्याय पर सवाल खड़े करती है।

2. बिम्ब:

कविता में कई सशक्त बिंब हैं -

"कंधे पे हल, माथे पे पसीना" - मेहनतकश किसान का जीवंत चित्र। "हल-फावड़े की मार से बना देश" - श्रम की क्रांति को प्रतीक रूप में प्रस्तुत करता है। "हमने पहाड़ काटे, नदी को मोड़ा" - श्रमिक वर्ग की शक्ति और निर्माण में योगदान का प्रतीक। "अब ना झुकेगा लाल सितारा" - क्रांति और श्रमिक चेतना का प्रतीक।

3. भाव पक्ष:

कविता में पीड़ा, रोष, स्वाभिमान और परिवर्तन की आकांक्षा का भाव प्रमुख है। यह सामाजिक शोषण के विरुद्ध प्रतिरोध की भावना को जगाती है और शोषित वर्गों की आत्मगौरवपूर्ण पुकार बनकर उभरती है।

4. शिल्प पक्ष:

छंद: मुक्त छंद का प्रयोग हुआ है, जिससे कवि को भावों की उन्मुक्त

अभिव्यक्ति की स्वतंत्रता मिली है।

ध्वनि और लय: "क्यों कोई मालिक, कोई गुलाम?" जैसी पंक्तियाँ लयात्मक हैं और बार-बार दोहराए गए प्रश्न कविता को जनगीत की शक्ल देते हैं।

संवेदनात्मक दोहराव: "हमने..." से शुरू होने वाले अनेक छंद कविता को ओज और जन-स्वर देते हैं।

5. विचार पक्ष:

यह कविता श्रम की गरिमा, जाति-विरोध, सामाजिक समता और संविधानिक न्याय की पक्षधर है। यह वामपंथी विचारधारा, विशेषकर श्रमिक चेतना और क्रांति की प्रेरणा को केंद्र में रखती है।

6. संप्रेषणीयता:

कविता की भाषा सरल, जनसरोकारों से जुड़ी और स्पष्ट है। यह आम जनमानस, विशेषकर श्रमिक, ग्रामीण और शोषित वर्ग के लोगों से सीधा संवाद करती है। यह नुक्कड़ नाटक या जनसभा जैसी स्थितियों में प्रभावशाली ढंग से प्रस्तुत की जा सकती है।

7. नवीनताः

इतिहास को श्रमिक दृष्टिकोण से देखने की दृष्टि नई नहीं तो भी प्रासंगिकता के साथ प्रस्तुत है। "भारत बना हल-फावड़े की मार से" - इस टाइटल और उद्‌घोष में शक्तिशाली नयापन है, जो पूरे काव्य को एक ध्रुव बिंदु देता है।

8. सामाजिक-सांस्कृतिक संदर्भः

कविता भारतीय समाज की जातिवादी संरचना, श्रम और पूंजी के बीच विषमता और इतिहास के दमन की आलोचना करती है। यह दलित, आदिवासी, पिछड़ा और श्रमिक वर्ग की ऐतिहासिक हाशिएबंदी को उजागर कर सामाजिक न्याय की माँग करती है। "जात थी, उपनाम नहीं", "हमने नहीं माँगा था सिंहासन" - ये पंक्तियाँ भारतीय सामाजिक-सांस्कृतिक व्यवस्था की आलोचना का साहसिक और जरूरी पाठ प्रस्तुत करती हैं।

9. अंत में:

यह कविता एक सशक्त जनकाव्य है - जिसमें श्रमिक चेतना, सामाजिक न्याय और क्रांतिकारी परिवर्तन की माँग है। यह साहित्य

नहीं, बल्कि जनसंघर्ष का औजार है। इसकी संप्रेषणीयता, विचार की तीव्रता और प्रतीकों की ताकत इसे एक युगचेतन रचना बनाती है।

10. धर्म नहीं, यह जात की जेल है!

कहते हैं- धर्म है सबका प्यारा,
पर इसमें बस उनका है सहारा।
जो ऊँच जात के मंदिर जाएँ,
बाकी को तो अंधेरा ही दिखाए।

कहते हैं - सब ईश्वर की संतान हैं,
फिर क्यों कोई अछूत कहलाए?
क्यों कोई भीतर घंटा बजाए,
और कोई सीढ़ी चढ़ भी ना पाए?

पूछो मंदिर के पुजारी से
क्या ईश्वर भी जात पूछता है?

क्यों जन्म से बँटती है पूजा,
क्यों सेवा में घृणा बूझता है?

क्यों भजन पर पहरा होता है,
क्यों भोग भी बँटकर आता है?
क्यों पवित्रता के नाम पर,
सिर्फ़ जात का पहरा छाता है?

यह धर्म नहीं, यह जात की जेल है,
जहाँ आस्था भी एक खेल है!
यह पूजा नहीं– यह पाखंड है,
जहाँ देवता नहीं, बस दंभ है।

धूप अगरबत्ती सब जलती हैं,
पर सुगंध बस ऊपर जाती है।

नीचे खड़े गरीब जनों की,
सांसों में राख ही बस आती है।

क्या कोई बतलाएगा हमको,
क्यों 'दलित' का देवता नहीं होता?
क्यों कुम्हार का बनाए घड़े में,
कभी ईश्वर निवास नहीं करता?

जब ईश्वर का घर भी ऊँचाई मांगे,
तो समझ लो- इंसानियत रोती है।
जब जात बने धर्म की सीढ़ी,
तो आत्मा भी रोज़ धोती है।

हमें नहीं वो धर्म स्वीकार,
जो इंसान से इंसान छीन ले।
जो एक के माथे तिलक लगाए,
दूजे को गाली की गीली ईंट दे।

यह धर्म नहीं, यह जात की जेल है,
यह मंदिर नहीं- यह चुप्पी की बेल है।
यह घण्टा नहीं- ये चेतावनी है,
कि आस्था को फिर से गढ़ना पड़ेगा।

हम बनाएँगे ऐसे मंदिर,
जहाँ इंसान सबसे ऊपर होगा।
जहाँ पूजा का अधिकार सबका,
और सेवा का सम्मान गहरा होगा।

जहाँ न कोई शूद्र कहाया जाएगा,
न कोई ब्राह्मण खुद को ईश्वर मानेगा।
जहाँ धर्म नहीं- करुणा राज करेगी,
जहाँ आस्था नहीं- आत्मा जागेगी।

हम तोड़ेंगे जात की ये ज़ंजीरें,
हम बोलेंगे पाखंड के विरुद्ध।
हम उठाएँगे वो सवाल,
जिनसे कांपेगा झूठा ब्रह्मवाक्य!

हम नहीं झुकेंगे देवालयों में,
जहाँ हमारी जात पूछी जाती है।
हम खड़ा करेंगे जनालय ऐसे,
जहाँ पूजा नहीं, प्रतिकार की बात होती है।

यह धर्म नहीं, यह जात की जेल है,
अब इसकी दीवारों में दरारें डालनी होंगी।
अब आरती नहीं- इंकलाब गूँजेगा,
अब पत्थर नहीं- विचार बोलेंगे!

क्योंकि जब तक धर्म से न्याय न हो,
तब तक हम चुप कैसे रहें?
हम भी ऋषि हैं, हम भी रचयिता,
हम भी गीत नई गीता कहें।

जनकविता "धर्म नहीं, यह जात की जेल है" के बारे में

यह जनकविता एक प्रखर सामाजिक चेतना से ओतप्रोत रचना है जो धर्म की आड़ में जातिगत भेदभाव और शोषण पर गहरा प्रहार करती है।

1. विषय वस्तु:

कविता का केंद्रीय विषय है - धर्म के नाम पर कायम जातिवादी व्यवस्था का विरोध। यह धर्म की संरचना में निहित सामाजिक विषमता, विशेषतः दलितों के दमन, मंदिरों में भेदभाव और पूजा-पद्धति में जाति आधारित अनैतिकता को उजागर करती है।

2. बिंब:

कविता में अनेक शक्तिशाली बिंबों का प्रयोग हुआ है, जैसे: "सांसों में राख ही बस आती है" - दलितों के प्रति भेदभाव की पीड़ा। "यह मंदिर नहीं- यह चुप्पी की बेल है" - धार्मिक संस्थानों की निष्क्रियता। "अब आरती नहीं - इंकलाब गूँजेगा" - धर्म के पुनराविष्कार का क्रांतिक प्रतीक। "घंटा नहीं - चेतावनी है" - आस्था को झकझोरने वाला बिंब।

3. भाव पक्ष:

कविता में आक्रोश, व्यंग्य, करुणा और विद्रोह के भाव तीव्रता से उभरते हैं। यह पीड़ित आत्मा की पुकार है, जिसमें आस्था को पुनर्परिभाषित करने की आकांक्षा भी है। अंतिम छंदों में आत्मगौरव और विद्रोह का उत्कर्ष है।

4. शिल्प पक्ष:

छंद: मुक्त छंद में लिखी गई है, जिससे भावों को निर्बाध रूप से अभिव्यक्त किया गया है।

पुनरुक्ति अलंकार: "यह धर्म नहीं, यह जात की जेल है" - जैसी पुनरावृत्तियाँ कविता को स्मरणीय बनाती हैं।

अनुप्रास एवं प्रतीक: "घंटा, आरती, मंदिर, धूप-अगरबत्ती" - धार्मिक प्रतीकों के माध्यम से सामाजिक आलोचना।

दोहरे वाक्यांशों का प्रभावशाली प्रयोग: जैसे "अब पत्थर नहीं - विचार बोलेंगे!"

5. विचार पक्ष:

कविता का वैचारिक पक्ष अत्यंत मजबूत है। यह पेरियार, आंबेडकर

और कबीर की परंपरा में जाति-आधारित धर्म की आलोचना करती है। धर्म और नैतिकता के बीच फर्क स्पष्ट करती है और 'धर्म' की जगह 'करुणा' और 'मानवता' को स्थापित करती है।

6. संप्रेषणीयता:

कविता अत्यंत संप्रेषणीय है। सामान्य शब्दावली, लयात्मकता और

दोहराव के प्रयोग से यह पाठक और श्रोता दोनों को झकझोरती है। मंच पर नाटक या जनसभा में पाठ के लिए उपयुक्त बनती है।

7. नवीनता:

इस कविता की नवीनता इसकी साहसी वाणी में है - यह 'मंदिर' को चुनौती देती है, 'धर्म' की परिभाषा को खारिज करती है और 'जनालय' का स्वप्न रचती है। यह धार्मिक सुधार की नहीं, बल्कि धार्मिक पुनर्निर्माण की माँग करती है।

8. सामाजिक-सांस्कृतिक संदर्भ:

यह रचना भारत की हजारों वर्षों की जातिप्रथा, मंदिरों में दलित प्रवेश पर रोक, और धर्म की सवर्ण वर्चस्वकारी व्याख्या के विरुद्ध एक सांस्कृतिक हस्तक्षेप है। यह सामाजिक न्याय, समानता और

आत्मगौरव की माँग करती है, विशेषतः उन समुदायों की ओर से जिन्हें परंपरागत धर्म ने हाशिये पर रखा है।

9. अंत में:

यह कविता एक जनचेतना का दस्तावेज़ है- वह भी विद्रोही लहजे में। इसमें धर्म की व्याख्या के विरुद्ध स्पष्ट असहमति है और एक क्रांतिक सामाजिक दृष्टि है। यह रचना 'कविता' से अधिक एक 'घोषणा' है - समानता और आत्मगौरव की।

11. क़ानून की क़ैद में जंगल

कहते हैं हक़ हमने पाया,
संविधान ने वरदान दिया,
काग़ज़ पर इतिहास लिखा,
ज़मीन पे शमशान किया।

जंगल छिना, पहाड़ बिके,
नदियाँ सूनी प्यास लिए,
अधिकारों के नाम पर केवल
छल-प्रपंच की रीत जिए।

धरती माँ की छाती पर
बुलडोज़र गरज-गरज चलें,

लोहे की चादर ओढ़े सपने,
बिखरें, डर के आँचल में।

जनता को जो मिला यहाँ
आँसू, आग और तिरस्कार,
क़ानून के पन्नों से निकली
बस पीड़ा की धार-धार।

जिसका था यह भूमि-गगन,
वो अब विस्थापित हो गया,
जिसके नाम था खेत-पट्टा,
वो अफ़सर की बोली गया।

फाइलों में 'आदिवासी',
हक़ीक़त में मज़दूर बना,
अपनी जड़ों से काटा गया,
जैसे कोई पुराना सपना।

बच्चा रोए भूख से तड़प,
माँ चुप हो जाए रातों में,
महुआ, साल, तेंदू सब
बिक जाए हैं सौदों में।

मंत्री बोले 'हक़ मिला है',
अफ़सर लें घूस का माल,
क़ानूनों की चौपालों में
बिखरे छल का सिर्फ़ उछाल।

झोपड़ियों में धुआँ बहुत है,
सरकार को दीप दिखे,
पेंशन-पट्टा झूठ बने,
अब बीजों में विष दिखे।

सभा, संसद, सौदागर हैं,
जनजाति की कोई नहीं बात,
जंगल, जल, जन की पूँजी
बिकती रोज़, लुटती रात।

अब भी चुप जो बैठ रहोगे,
इतिहास वही दोहराएगा,
बिरसा की हुंकार नहीं तो
जंगल भी मर जाएगा।

क़ानून की रंगीन महफ़िल,
अब हमसे कुछ ना बोले,
उठो! जनसंघर्ष रच डालो,
हुंकार की मशालें खोलें।

लाल मिट्टी गा रही
"हम धरती के बेटे हैं",
हम दया नहीं, मांगते
न्याय के पूरे हिस्से हैं।

संविधान अगर मौन हुआ,
तो ये स्वर पुकारेंगे,
धरती-जंगल, नदी हमारी,
हम लहू से सँवारेंगे।

क़ानून बहुत सुन चुके हम,
अब प्रतिरोध की बारी है,
सभाओं से नहीं, अब
जंगल में हुंकार हमारी है।

जनकविता "क़ानून की क़ैद में जंगल" के बारे में

जनकविता "क़ानून की क़ैद में जंगल" समकालीन आदिवासी जीवन, संविधानिक अधिकारों और उनकी विफलताओं पर एक तीव्र, भावपूर्ण और सशक्त टिप्पणी है।

1. विषय-वस्तुः

कविता संविधान में दर्ज आदिवासी अधिकारों और धरातल पर उनकी अनुपस्थिति की विसंगति को उजागर करती है। जंगल, जमीन, नदी, संस्कृति, विस्थापन, सरकारी भ्रष्टाचार और आदिवासी अस्मिता - ये सभी प्रमुख विषय इसमें शामिल हैं। यह सिर्फ़ शिकायत नहीं है, बल्कि जनसंघर्ष का आह्वान भी है।

2. बिंबः

कविता में अनेक प्रभावशाली और प्रतीकात्मक बिंब हैं। "धरती माँ की छाती पर बुलडोज़र", "लोहे की चादर ओढ़े सपने", "क़ानून के पन्नों से निकली पीड़ा की धार-धार", "फाइलों में 'आदिवासी', हकीकत में मज़दूर" "लाल मिट्टी गा रही।" ये बिंब न केवल दृश्यात्मक हैं, बल्कि गहराई से आदिवासी जीवन के कटु यथार्थ को उजागर करते हैं।

3. भाव पक्षः

कविता में पीड़ा, विडंबना, गुस्सा, निराशा और क्रांति की भावना गहराई से संप्रेषित है। यह पाठक को उद्वेलित करती है और निष्क्रिय सहानुभूति से आगे बढ़कर सक्रिय प्रतिरोध की चेतना जगाती है।

4. शिल्प पक्ष:

लय: कविता लयबद्ध है, जिससे यह जनपाठ और जनगायन दोनों के लिए अनुकूल है।

छंद: मुक्तछंद की शैली में लिखी गई यह कविता आंतरिक तुक और ताल का प्रयोग कर सहज प्रवाह बनाए रखती है।

भाषा: सरल, प्रभावशाली, स्थानीय संदर्भों से जुड़ी भाषा प्रयोग की गई है।

5. विचार पक्ष:

कविता प्रगतिशील और जनवादी विचारों को आगे बढ़ाती है:

आदिवासी अधिकारों की पुनः व्याख्या, पूंजीवादी और नौकरशाही षड्यंत्रों की आलोचना, जनसंघर्ष की अनिवार्यता, 'दया' की जगह 'न्याय' की मांग। यह विचारधारा कविता को जनविमर्श का औजार बनाती है।

6. संप्रेषणीयता:

कविता अत्यंत संप्रेषणीय है - चाहे वह गाँव की चौपाल हो, नुक्कड़

नाटक का मंच हो या कोई जनसभा। भाषा, बिंब और लय - सब मिलकर इसे आम जन तक पहुँचने योग्य बनाते हैं।

7. नवीनता:

यह कविता समकालीन आदिवासी विमर्श को नए प्रतीकों, भाषा और शैली के माध्यम से प्रस्तुत करती है। 'संविधान' और 'जंगल' के बीच के द्वंद्व को जिस स्पष्टता और धार के साथ रखा गया है, वह इसे विशिष्ट बनाता है।

8. सामाजिक-सांस्कृतिक संदर्भ:

यह कविता झारखंड, छत्तीसगढ़, ओड़िशा जैसे आदिवासी बहुल राज्यों की ज़मीनी हकीकत को स्वर देती है। बिरसा का प्रतीकात्मक आह्वान आदिवासी चेतना की ऐतिहासिक निरंतरता को स्थापित करता है। यह कविता हक़ बनाम भीख, काग़ज़ बनाम ज़मीन और कानून बनाम न्याय जैसे गहरे मुद्दों को रेखांकित करती है।

9. अंत में:

"क़ानून की क़ैद में जंगल" एक सशक्त जनकविता है - यह कला नहीं केवल भाव प्रदर्शन या सौंदर्य के लिए नहीं, बल्कि सामाजिक परिवर्तन के लिए है। यह एक जुझारू सांस्कृतिक हस्तक्षेप है, जो आदिवासी

समाज को अपनी लड़ाई के लिए आवाज़ और दिशा दोनों प्रदान करता है।

12. जल-जंगल-ज़मीन की पुकार

हम नहीं माँगते खैरात कभी,
हम तो धरती के वारिस हैं।
जिस माटी में उगे पाँव हमारे,
वो जंगल हमारे सारथी हैं।

साल, सखुआ, महुआ, तेंदू,
नदी, नाला, पत्थर-पेड़,
हर चीज़ हमें माँ ने दी है,
जिसे तुमने माना सिर्फ़ ग़ैर।

तुम आए थे नक़्शा लेकर,
हम रहते थे दिल में धरती के।

तुमने लिखा - ये ज़मीन हमारी,
हमने कहा - ये देन है सृष्टि के।

हमने खेतों से सपना बोया,
तुमने सौदे से सपना छीना।
हमने गाय के दूध में गंध पाई,
तुमने बिछाया जहर का सीना।

तुम्हारे विकास में बर्बादी है,
हमारे उलगुलान में जीवन।
तुमने खनन से छीन लिया घर,
हमने हक़ से उठाया परिवर्तन।

बुलडोज़र आया, सेना आई,
फरमान आया दिल्ली से।

पर जंगल की माटी गूंज उठी,
हम लड़ पड़े गांव की गली से।

हर पेड़ बना प्रहरी हमारा,
हर बच्चा बना दस्तावेज़।
ना डर पुलिस से, ना मंत्री से,
अब जवाब देंगे रोज़-रोज़।

कुदाल हमारी बंदूक बनी,
हल चला, तो हिला सिंहासन।
बीज बोया तो गीत बना,
उखाड़ दिए सब स्वार्थी शासन।

हम विस्थापन की राख नहीं,
हम आग हैं, जो जलती है।

जिसे तुम विकास कहो झूठा,
वो लूट की लिपि में पलती है।

हम बाँध नहीं बनने देंगे,
ना चट्टानों को चीरोगे।
हम पगडंडी से राज पथ तक,
अपने पाँवों से ही लिख देंगे।

अब हर गाँव है किला बना,
हर जनजाति है घोषणापत्र।
हम अपने हक के बीज बोएँ,
ना झुकेंगे, ये है संकल्प पत्र।

जनकविता "जल-जंगल-ज़मीन की पुकार" के बारे में

यह जनकविता "जल-जंगल-ज़मीन की पुकार" विषयवस्तु, भाव और शिल्प के स्तर पर एक अत्यंत प्रभावशाली और जुझारू जनकविता है।

1. विषय वस्तुः

मुख्य विषय भूमि अधिकार और विस्थापन के विरुद्ध जन प्रतिरोध है।

यह कविता आदिवासी समुदायों की उस संघर्षपूर्ण चेतना को स्वर देती है जो तथाकथित विकास के नाम पर जल-जंगल-ज़मीन से बेदखल किए जाने के खिलाफ खड़ी होती है।

2. बिंब पक्ष:

कविता में बिंब अत्यंत सशक्त हैं:

"साल, सखुआ, महुआ, तेंदू" - ये बिंब स्थानीय जीवन से गहराई से जुड़े हैं। "कुदाल हमारी बंदूक बनी", "बीज बोया तो गीत बना", "हर पेड़ बना प्रहरी" - ये रूपक संघर्ष को सौंदर्य और शक्ति दोनों के साथ चित्रित करते हैं। "बुलडोज़र", "सेना", "फरमान" के सामने "गांव की गली", "हर बच्चा दस्तावेज़" - ये प्रतिरोध की सामूहिकता को उभारते हैं।

3. भाव पक्ष:

कविता में आक्रोश, आत्मगौरव, प्रेम, पीड़ा और विद्रोह - इन सभी भावों का समुचित संतुलन है। यह रचना पीड़ित नहीं, बल्कि चेतनाशील, संगठित और आत्मविश्वासी समुदाय की आवाज़ बनकर सामने आती है।

4. शिल्प पक्ष:

कविता लयबद्ध और छंदात्मक है, जो इसे जन मंचों पर प्रभावशाली पाठ के योग्य बनाती है। अनुप्रास ("हर बच्चा बना दस्तावेज़"), रूपक और प्रतीकों का सुंदर प्रयोग हुआ है। दोहे जैसी युग्म रचनात्मकता के साथ कुछ अंश गीतात्मक और घोषणापत्रात्मक शैली को भी साधते हैं।

5. विचार पक्ष:

कविता स्पष्ट रूप से उपनिवेशी मानसिकता, पूंजीवादी विकास मॉडल और राज्य द्वारा किए जा रहे विस्थापन की आलोचना करती है।

इसमें "हम" बनाम "तुम" की दो विरोधी दुनियाओं का निर्माण हुआ है - जो जनसत्ता बनाम राज्यसत्ता का द्वंद्व रचता है।

6. संप्रेषणीयता

अत्यंत प्रभावी और सहज भाषा में लिखी गई है जो आम जन तक तुरंत पहुँचती है। स्थानीयता के प्रतीकों के बावजूद इसकी भावभूमि वैश्विक है - हर उस समुदाय की जो अपने संसाधनों की रक्षा कर रहा है।

7. नवीनता:

इस कविता में जुझारूपन और प्रकृति प्रेम का मेल विशिष्ट है। "हम घोषणापत्र हैं", "हर गाँव किला बना" - जैसी पंक्तियाँ इसे पारंपरिक जनगीतों से अलग करती हैं। यह आदिवासी चेतना के आधुनिक घोषणापत्र की तरह लगती है।

8. सामाजिक-सांस्कृतिक संदर्भ:

यह रचना झारखंड, छत्तीसगढ़, ओडिशा, मध्यप्रदेश, पूर्वोत्तर भारत जैसे क्षेत्रीय संघर्षों की व्यापक पृष्ठभूमि में सार्थक हस्तक्षेप है। यह बिरसा मुंडा, सिद्धो-कान्हू, और हालिया जन आंदोलनों की विरासत को स्वर देती है।

9. अंत में:

यह कविता केवल एक रचना नहीं, एक सांस्कृतिक प्रतिरोध और घोषणापत्र है। यह न सिर्फ कलात्मक है, बल्कि प्रेरक और संगठक भी है। यह आदिवासी जन-चेतना को आधुनिक काव्य-भाषा में अद्भुत ढंग से रूपांतरित करती है।

13. सांस्कृतिक हुल

कहाँ गई वो बाँसुरी की तान,
जो पेड़ों को मदहोश करे?
कहाँ लुप्त हो गई वो पायल,
जो धरती को मंत्रित करे?

कहाँ गई वो नृत्य की थाप,
वो मांदर की पहली पुकार?
कहाँ गई वो 'माघ' की रातें,
जो रचती थीं ऋतुओं का प्यार?

पहनाया गया हमें स्कूल का ड्रेस,
छीन लिया त्यौहारों का भेष।

कथा कहानियाँ बंद कर दीं,
शुरू हुआ नैतिकता का क्लेश।

संस्कृतियों का समन्वय नहीं हुआ,
हुआ तो केवल लूट का व्यापार।
तुम्हारी सभ्यता के नीचे
हमारी सभ्यता घुटती रही बार-बार।

कभी हमारे आदर्शों को, पूर्वजों को,
"शैतान" कह पुजारी ने दुत्कारा।
कभी पूजा पद्धति पर तुम्हारा
धर्माचार्य हँसा और फुँकारा।

हमारी हाट को मेले में बदला,
और फिर बना दिया बाज़ार।
हमारे गीतों को फ़िल्मी तानों से
काट-काटकर किया बेकार।

पर याद है हमें हड़पा की भाषा,
याद है हूल का हर एक गीत।
याद है कैसे बचाई थी बोली,
कैसे मुंडाओं ने तोड़ा मीत।

अब ना मिटेगा कोई प्रतीक,
ना खोएगा कोई छंद।
अब नाचेगी अस्मिता फिर से,
अब बोलेगा आदिवासी मंथ।

तुम्हारी किताबों में हमारा नाम नहीं,
हमारी स्मृति में तुम्हारा राज नहीं।
हम गाएँगे मांदर की भाषा में,
लिखेंगे इतिहास - तुम्हारा नहीं!

बोल बिरसा के बेटों की,
अब शंखनाद है संस्कृति का।
ना होगा फिर अपमान हमारा,
अब उलगुलान है अस्मिता का।

कंघा हमारा मुकुट बनेगा,
गोदना होगा प्रतीक शौर्य का।
तुमने छीना जो कुछ भी हमसे,
अब वो लौटेगा संकल्प दौर का।

अब आएगा 'सांस्कृतिक हूल',
जहाँ बोलेंगे बिंब और बर्तन।
जहाँ हर घर होगा पाठशाला,
और मांदर होगा पाठ्यक्रम।

जनकविता "सांस्कृतिक हुल" के बारे में

यह कविता "सांस्कृतिक हुल" एक अत्यंत सशक्त, जुझारू और विचारोत्तेजक जनकविता है, जो आदिवासी सांस्कृतिक दमन, अस्मिता की पुनर्प्राप्ति और सांस्कृतिक क्रांति के विषय पर केंद्रित है।

1. विषय वस्तुः

कविता का केंद्रीय विषय है- आदिवासी संस्कृति का दमन, सांस्कृतिक पहचान की खोज और सांस्कृतिक पुनरुत्थान का संकल्प। यह रचना संस्कृति के सवाल को मात्र भावनात्मक स्तर पर नहीं, राजनीतिक प्रतिरोध के स्तर पर भी ले जाती है - इसे "हूल" (विद्रोह) कहकर।

2. बिंब पक्षः

कविता में बिंबों का प्रयोग अत्यंत जीवंत और प्रतीकात्मक है - "बाँसुरी की तान", "पायल", "मांदर", "माघ की रातें" - ये बिंब सांस्कृतिक स्मृति और सौंदर्य को उजागर करते हैं। "कंघा हमारा मुकुट बनेगा", "गोदना होगा प्रतीक शौर्य का" - ये बिंब सांस्कृतिक पुनरुत्थान के घोषणापत्र की तरह काम करते हैं। "मांदर पाठ्यक्रम बनेगा" - यह कल्पनाशील और क्रांतिकारी सांस्कृतिक आकांक्षा का प्रतीक है।

3. भाव पक्षः

व्यथा, पीड़ा, स्मृति, आत्मगौरव और विद्रोह - इन सभी भावों का गहन समावेश है। यह कविता शोकगीत नहीं है, बल्कि स्मृति और आत्म-साक्षात्कार से जन्मा संघर्ष का गीत है। "अब नाचेगी अस्मिता फिर से" जैसी पंक्तियाँ उम्मीद और स्वाभिमान की ऊँचाई पर पहुँचती हैं।

4. शिल्प पक्ष:

कविता छंदमुक्त होते हुए भी लय और संप्रेषणीयता में अत्यंत प्रभावी है। प्रतीकों, बिंबों, विरोधी छवियों और दोहरावों का सुंदर प्रयोग हुआ है। सांस्कृतिक शब्दावली (मांदर, गोदना, कंघा, माघ) की पुनर्स्थापना एक भाषिक प्रतिरोध भी रचती है।

5. विचार पक्ष:

कविता में सांस्कृतिक दमन की ब्राह्मणवादी, उपनिवेशी और पूंजीवादी संरचनाओं की तीव्र आलोचना है। यह "संस्कृतियों का समन्वय" जैसी छलना का पर्दाफाश करती है। साथ ही, यह आदिवासी संस्कृति को पुनः वैधता और गरिमा देने का राजनीतिक संकल्प प्रस्तुत करती है।

6. संप्रेषणीयता:

भाषा सुलभ, सजीव और बिंबधर्मी है, जिससे कविता आम पाठक और श्रोता दोनों तक सीधे पहुँचती है। यह मंचीय प्रस्तुति के लिए भी उपयुक्त है क्योंकि इसमें घोषणात्मक और दोहरावपूर्ण पंक्तियाँ हैं।

7. नवीनता:

"सांस्कृतिक हुल" - यह शीर्षक ही एक नई अवधारणा है जो संस्कृति को प्रतिरोध की धार देती है। मांदर को पाठ्यक्रम बनाना, बिंब और बर्तन को बोलने देना - ये विचार अत्यंत मौलिक और भविष्यदर्शी हैं। कविता सांस्कृतिक विमर्श को भावुकता से आगे बढ़ाकर क्रांतिकारी दृष्टिकोण में बदल देती है।

8. सामाजिक-सांस्कृतिक संदर्भ:

यह कविता झारखंड, छत्तीसगढ़, ओडिशा, पूर्वोत्तर भारत और भारत के सभी आदिवासी क्षेत्रों के सांस्कृतिक संघर्ष का प्रतिनिधित्व करती है। हूल, बिरसा, मुंडा संस्कृति, हड़पा, मांदर - इन संदर्भों से कविता गहराई से जुड़ती है। यह आदिवासी संस्कृति की पुनर्रचना के संघर्ष को स्मृति, आत्मगौरव और संकल्प से जोड़ती है।

9. अंत में:

"सांस्कृतिक हुल" एक जनकविता होते हुए भी सांस्कृतिक घोषणापत्र का कार्य करती है। यह एक बिंबात्मक विद्रोह है, जहाँ प्रतीकों को हथियार बना दिया गया है। कविता आदिवासी अस्मिता को केवल

संरक्षित नहीं, बल्कि सृजनात्मक और सशक्त ढंग से पुनर्स्थापित करती है।

14. गाँव का शासन

मुखिया की आँखों में अग्नि है,
पर हुक्म उड़ता है दिल्ली से।
तीर ने लिखा था इतिहास कभी,
अब बैठी है सत्ता बिल्ली से।

लालटेन जली थी चौपालों में,
फिर भी अंधेरे गहराए हैं।
सभा सजी थी घोषणाओं से,
फैसले मगर बहरे आए हैं।

ढोल की थाप पे उठेगी बोली,
जनता ही राजा कहलाएगी!

हम गाएँगे गाँव की गाथा,
हर चुप्पी फिर गीत बनाएगी।

पोस्टरों पर हँसी उधारी की,
ज़मीन पे पड़ी हैं ज़ंजीरें।
बिरसा के नक़्शे मिटा दिए,
कुचली गईं हैं उसकी तीरें।

कॉरपोरेट के महल चमकते,
गाँवों में बुझते हैं चूल्हे।
अफसर की बोली बिकती है,
चुप हैं अब घर, चुप हैं बूढ़े।

महुआ के फूलों में प्रश्न हैं,
नीति बनाएं या दलाल?

क्या फिर नाचे सत्ता के भेस,
या बोल उठे जनता का काल?

पंचायत की कुर्सी आदिवासी,
पर नाच रहे पूँजी के पिशाच।
हमारे नाम से बजते डमरू,
बाँध रहे हैं सपना और काँच।

ग्रामसभा के हाथ बँधे हैं,
संविधान की डोरी से।
जो बचे हैं हाथ, वही अब
उठते हैं मशालों की जोड़ी से।

पत्थलगड़ी बोल उठी है,
"हम ही हैं सरकार यहाँ।

जो हुक्म करे तिरस्कार,
उसको दो ललकार यहाँ।"

हम ढोल बजाएँगे टोले-टोले,
हम निर्णय लिखेंगे घाट-घाट।
ना अफ़सर राजा, ना रजिस्टर धर्म,
हम ही हैं संविधान, बात साफ़।

जब उलगुलान सुर में उठेगी
जनता की टोली हर गाँव से,
तो काँपेगी सत्ता की दीवारें,
हिलेगा तख़्त बड़े भाव से।

ना वोट का धंधा फिर होगा,
ना विकास का झूठा स्वांग।

अब तो चलेगा जनतंत्र सच्चा,
जिसमें हो जनता की मांग।

हम शासन माँगते हैं!
ना शोभा, ना नाम, ना ताज।
धरती, जंगल, ग्रामसभा का
मिले हमें पूरा सम्मान आज।

अगर नहीं, तो जीवन नहीं,
हम होंगे, मगर गुलाम नहीं।
हम बोलेंगे, अब चुप नहीं,
हम चलेंगे, और रुकेंगे नहीं।

जनकविता "गाँव का शासन" के बारे में

जनकविता "गाँव का शासन" का मुख्य विषय है - जनता के हक की पुनर्प्राप्ति और सच्चे जनतंत्र की स्थापना।

1. विषय वस्तुः

कविता आदिवासी समाज के राजनीतिक, सामाजिक और सांस्कृतिक अधिकारों की चेतना को स्वर देती है। इसमें "गाँव का शासन" को

एक समकालीन जन आंदोलन के रूप में प्रस्तुत किया गया है, जो सत्ता, पूंजीवाद और दलाल लोकतंत्र के खिलाफ खड़ा होता है।

2. बिंब:

कविता में शक्तिशाली बिंबों का प्रयोग हुआ है - "मुखिया की आँखों में अग्नि है" - आंतरिक विद्रोह और जनप्रतिनिधियों की असहायता का प्रतीक। "तीर ने लिखा था इतिहास" - आदिवासी प्रतिरोध की परंपरा। "महुआ के फूलों में प्रश्न", "मशालों की जोड़ी", "पोस्टरों पर हँसी उधारी की" - संवेदनशील और सशक्त दृश्यात्मकता। "हम ही हैं संविधान", "घाट-घाट निर्णय लिखेंगे" - आत्मनिर्णय की उद्घोषणा।

3. भाव पक्ष:

कविता में गहन आक्रोश, विद्रोह, आत्मबल और जन चेतना है। यह कविता विस्थापन, पूँजीवादी शोषण और लोकतांत्रिक दिखावे के विरुद्ध एक भावनात्मक ललकार है। बिरसा की स्मृति में जन भावनाओं को पुनर्जीवित करना इसका भावात्मक शिखर है।

4. शिल्प पक्ष:

छंद और लय: कविता मुक्त छंद में है, परंतु लय और तालबद्धता बनी रहती है।

यह इसे नुक्कड़ नाटक और जनगीत दोनों के लिए उपयुक्त बनाती है।

अनुप्रास: "हम होंगे, मगर गुलाम नहीं / हम बोलेंगे, अब चुप नहीं" - में ध्वनि सौंदर्य।

पुनरुक्ति: "हम ही हैं संविधान", "हम शासन माँगते हैं" - दोहराव से जोर और स्पष्टता आती है।

5. विचार पक्ष:

कविता का विचार पक्ष क्रांतिकारी और स्पष्ट है - लोकतंत्र को पूंजी से मुक्त करने की माँग। ग्रामसभा और आदिवासी स्वशासन का पुनर्वास। संविधान की व्याख्या को औपनिवेशिक तंत्र से मुक्त करने की चेतावनी। बिरसा के प्रतीक द्वारा सांस्कृतिक प्रतिरोध को पुनर्जीवित करना।

6. संप्रेषणीयता:

भाषा सरल, सजीव और जनसुलभ है। बिम्बों और प्रतीकों के माध्यम से कविता आम जन तक गहरे संप्रेषित होती है, खासकर आदिवासी और ग्रामीण संदर्भों में।

7. नवीनता:

कविता में एक विशिष्ट नवीनता है - संविधान और उलगुलान को जोड़ना। यह न केवल इतिहास को वर्तमान से जोड़ती है, बल्कि संवैधानिक अधिकारों की लोकप्रिय व्याख्या प्रस्तुत करती है। "हम ही हैं संविधान" जैसे कथन, परंपरा और समकालीन विमर्श को नया तेवर देते हैं।

8. सामाजिक-सांस्कृतिक संदर्भ:

यह कविता झारखंड और भारत के आदिवासी इलाकों में चल रही सांस्कृतिक घुसपैठ, भूमि अधिग्रहण, विस्थापन, राजनीतिक शो-पॉलिटिक्स और कॉरपोरेट कब्जे के संदर्भ में लिखी गई है। बिरसा मुंडा, पत्थलगड़ी, ग्रामसभा, महुआ, चूल्हा जैसे सांस्कृतिक प्रतीकों का प्रयोग इसे जमीनी बनाता है।

9. अंत में:

"उलगुलान का विधान" एक सशक्त जनकविता है, जो केवल भावुक नहीं बल्कि राजनीतिक चेतना से ओत-प्रोत है। यह कविता अपने जनभाषीय शिल्प, क्रांतिकारी विचार और गहरे बिंबात्मक प्रतीक के

कारण समकालीन जनकविता की एक विशिष्ट उपलब्धि कही जा सकती है।

15. पलायन का पाँव नहीं थमता

जंगल रोया, पत्थर चिल्लाए,
जमीन बोली, कब लौटोगे भाई?
सड़क निगलती बेटा-बेटी को,
कंधे ढोते मजदूरी की खाई।

धान कटे बिन भूख तड़पती,
माटी माँ का आँचल फटा,
कभी ईंट-भट्ठा, कभी दिहाड़ी में,
हमारा श्रम ही रोज़ लुटा।

चल रे मजदूर, मुंबई- चेन्नई,
पीठ पे बोझ, हाथ में कुदाल,

न कोई छुट्टी, न घर की चिट्ठी,
पर जीवन जीना बना सवाल।

हुल पुकारे, उलगुलान गूंजे,
पर साजिश अब भी ज़िंदा है,
काम छिना, जंगल छीना,
अब नाम-पता भी धुंधला है।

कोई बिचौलिया, कोई ठेकेदार,
बेचे हमें जैसे सौदा हो,
बूढ़ी माँ की आंखें सूनी,
हर बेटा उसका खोया खो।

न रोजगार, न हक का बंदोबस्त,
केवल वादों की चक्की पिसती,

झारखंड आज भी बाँध के सर पे,
पलायन की गठरी उठाए बिस्सी।

अब क्रांति की मशाल जलानी है,
हर टोले में आग लगानी है,
न जाए कोई भूख से बाहर,
ऐसी एक सरकार बनानी है।

माटी से मांगे न्याय की खेती,
वन से मांगे श्रम की रोटी,
हम लौटेंगे, हम लड़ेंगे,
अब न बिकेगी बेटा-बेटी।

उलगुलान, बिरसा की बोली,
हर दिल में जागे हक की होली,
पलायन नहीं, प्रतिकार होगा,
जन विद्रोह का संचार होगा।

जनकविता "पलायन का पाँव नहीं थमता" के बारे में

जनकविता "पलायन का पाँव नहीं थमता" आदिवासी और ग्रामीण समाज में व्याप्त पलायन को रेखांकित कर आक्रोश व्यक्त करता है।

1. विषयवस्तु:

कविता आदिवासी एवं ग्रामीण समाज में व्याप्त पलायन की समस्या को केंद्र में रखती है। यह आर्थिक विस्थापन, श्रमिक शोषण, और राजनीतिक उपेक्षा को रेखांकित करते हुए जनसंघर्ष और प्रतिकार की चेतना को उद्‌घाटित करती है। यह केवल पलायन की पीड़ा नहीं, एक सामाज़िक-राजनीतिक क्रांति की मांग है।

2. बिंब:

कविता में गहरे प्राकृतिक और सामाजिक बिंबों का प्रयोग है - "जंगल रोया, पत्थर चिल्लाए": पीड़ा की प्रकृति से एकात्मता। "माटी माँ का आँचल फटा": मातृभूमि की विडंबना और बेबसी। "सड़क निगलती बेटा-बेटी को": शोषण की अमानवीय गति का प्रतीक। "पलायन की गठरी", "हक की होली", "क्रांति की मशाल": क्रांतिकारी और प्रतीकात्मक बिंब।

3. भाव पक्ष:

कविता में करुणा, पीड़ा, आक्रोश और संघर्ष की भावना है। इसमें माँ की सूनी आँखें हैं, बेटों का खो जाना है, और एक ऐसी ज्वाला है जो

सत्ता से टकराने को तैयार है। यह भावनाएं जनचेतना को उद्वेलित करती हैं।

4. शिल्प पक्ष:

लयात्मकता: मुक्तछंद में होते हुए भी कविता में स्पष्ट लय है।

सारगर्भिता: प्रत्येक पद में एक पूरा विचार व पीड़ा संक्षेप में समाया है।

प्रतीक-प्रयोग: उलगुलान, हुल, बिरसा, क्रांति की मशाल - स्थानीय इतिहास और चेतना को जगाते प्रतीक।

संवादी शैली: कुछ पंक्तियाँ सीधी जनता से संवाद करती हैं, जैसे - "अब क्रांति की मशाल जलानी है..."

5. विचार पक्ष:

यह कविता स्पष्ट रूप से जनपक्षधर, वामपंथी और आदिवासी अधिकारों की पक्षधर है। पलायन को न केवल सामाजिक, बल्कि राजनीतिक साजिश माना गया है। राज्य की विफलता, पूँजीवादी शोषण, और न्याय आधारित व्यवस्था की मांग इसके मूल विचार हैं।

"ऐसी एक सरकार बनानी है" - यह परिवर्तन की राजनीतिक चेतना का घोष है।

6. संप्रेषणीयता:

कविता अत्यंत संप्रेषणीय है। सरल भाषा, स्थानीय प्रतीकों और छवि प्रधान शैली के कारण यह आमजन को सहजता से समझ आती है और आंतरिक रूप से आंदोलित करती है।

7. नवीनता:

विषय भले पुराना हो (पलायन), लेकिन इसकी अभिव्यक्ति अत्यंत ताजगी लिए हुए है। यह कविता आदिवासी चेतना, शोषण और राजनीतिक क्रांति को जोड़कर नवप्रस्तावनात्मक बनती है। बिरसा की बोली और हक की होली जैसे नए बिंब इसे विशिष्ट बनाते हैं।

8. सामाजिक-सांस्कृतिक संदर्भ:

यह कविता झारखंड के सामाजिक यथार्थ, विशेषकर आदिवासी क्षेत्रों से बड़े शहरों की ओर पलायन, का प्रामाणिक चित्रण करती है। इसमें बिरसा मुंडा की विरासत, हुल आंदोलन की गूंज, और झारखंडी अस्मिता की लड़ाई प्रमुख है। यह सांस्कृतिक प्रतिरोध और विकल्प निर्माण की मांग करती है।

9. अंत में:

यह जनकविता एक सशक्त लोकधर्मी, संघर्षशील और क्रांतिकारी रचना है, जो झारखंड और भारत के ग्रामीण-आदिवासी जनजीवन की त्रासदी को गहराई से उजागर करती है। यह केवल पीड़ा का बयान नहीं, बल्कि एक जनक्रांति का उद्घोष है।

16. खाली कुर्सियाँ, जलते सपने

खाली कुर्सियाँ हँसती हैं,
दरबारों के कोनों में,
बेरोज़गारी सिसक रही है,
फुटपाथों की रौनकों में।

डिग्रियाँ पड़ीं संदूक़ों में,
सपने मरे सवालों में,
माँ-बाप की झुकी कमरें,
टंगी हैं बंजर सालों में।

नियुक्ति कब होगा
कब तक टालोगे जवाब?

हर युवा अब बनेगा
जन-संविधान का ख्वाब!

जंगल तले जलाया दीप,
पढ़े-लिखे, भरे उम्मीद।
पेपर लीक, नियुक्ति रद्द,
हर नतीजा बना पीड़ित गीत।

अब झंडा उठाएँगे हम,
चुप्पी को ललकारेंगे।
मशालें होंगी हाथों में,
नींवों को हिला देंगे।

रोज़गार हक़ है जन का,
खैरात नहीं ये रीत।

जो कुर्सियाँ खाली रखी गईं,
अब माँगेंगी वे भी जीत।

सिपाही, मास्टर, बाबू सब
पद खाली, चुप शासन है।
और युवा हर मोड़ पे
बन चलती ज्वालामुखी है।

सरकार! अब मत टालो,
घोषणाओं से मत बहलाओ!
धरना, नाटक, जुलूस उठेगा,
जो चुप था, अब वो बोलेगा!

ये क्रांति की तैयारी है,
अब चुप रहना गुनाह।

खाली कुर्सी बोलेगी -
आया जनता का न्याय!

चेतावनी है – भर दो पद,
नहीं तो कुर्सी खुद हिलेगी,
झारखंड की जवानी अब,
क्रांति की चिंगारी उगलेगी

जन कविता "खाली कुर्सियाँ, जलते सपने" के बारे मे

यह जनकविता "खाली कुर्सियाँ, जलते सपने" समकालीन झारखंड और व्यापक भारतीय संदर्भ में युवाओं की बेरोजगारी, हताशा और संघर्ष की सामूहिक चेतना का सशक्त काव्यात्मक रूप है।

1. विषय वस्तुः

कविता का केंद्रीय विषय बेरोजगारी, भर्ती प्रक्रिया की विफलता, और युवाओं का उभरता जन-क्रांतिकारिता रूप है। सरकारी पदों की खाली कुर्सियाँ प्रतीक बनती हैं उस व्यवस्थागत निष्क्रियता की, जो योग्य और आशावान युवाओं की आकांक्षाओं को कुचल रही है।

2. बिंब:

कविता में कई सशक्त बिंब हैं -

"खाली कुर्सियाँ हँसती हैं" - सत्ता की उपेक्षा और बेरुखी का मानवीकरण। "डिग्रियाँ पड़ीं संदूक़ों में", "सपने मरे सवालों में" - हताशा और स्थगित भविष्य का तीखा चित्रण। "हर युवा बना ज्वालामुखी", "झारखंड की जवानी अब क्रांति की चिंगारी उगलेगी" - प्रतिरोध की संभावित ऊर्जा का सजीव बिंब।

3. भाव पक्ष:

कविता में एक साथ वेदना, आक्रोश, चुनौती और उम्मीद का मिश्रण है। शुरुआती छंदों में विवशता और उदासी है, जो धीरे-धीरे एक संगठित चेतावनी और विद्रोह के रूप में बदलती है। यह जनाक्रोश की लयबद्ध भाषा है।

4. शिल्प पक्ष:

कविता छंदमुक्त होते हुए भी लयात्मक है। तुकांत युक्त पंक्तियाँ इसे जनगीत जैसी प्रवाहमयी शक्ति देती हैं। दोहराव और अंत में "चेतावनी" के रूप में काव्य-नाटकीयता का समावेश इसे नुक्कड़ नाटक या जनसभा के मंच के अनुकूल बनाता है।

5. विचार पक्ष:

यह कविता राज्य की निष्क्रियता, भ्रष्ट व्यवस्था और युवाओं के अधिकार के प्रश्न को केंद्र में रखती है। यह लोकतंत्र के विचार को युवाओं की भागीदारी और प्रतिरोध के माध्यम से पुनः परिभाषित करती है। रोज़गार को "खैरात नहीं अधिकार" कहना एक जनवादी और क्रांतिकारी घोषणापत्र जैसा प्रतीत होता है।

6. संप्रेषणीयता:

कविता की भाषा सरल, प्रवाहमयी, और जनता की बोली के क़रीब है। यह जनसभाओं, प्रदर्शन, नुक्कड़ नाटकों और युवा आंदोलनों में तुरंत अपनाई जा सकने वाली रचना है। सांस्कृतिक रूप से यह कविता झारखंड के संदर्भ में गहराई से जुड़ी हुई है, पर इसकी सार्वभौमिकता इसे देशव्यापी बनाती है।

7. नवीनता:

"खाली कुर्सियाँ" को एक बोलते हुए प्रतीक में बदल देना कविता की विशिष्ट रचनात्मकता है। भर्ती प्रक्रिया की विफलता और आंदोलन की संभावनाओं को जोड़ना, क्रांतिकारी चेतना का लोकधर्मी संस्करण है।

8. सामाजिक-सांस्कृतिक संदर्भ:

झारखंड में विगत वर्षों में बेरोजगारी, नियुक्ति प्रक्रिया में धांधली, पेपर लीक, और टालमटोल की राजनीति गहराई से उपस्थित रही है। यह कविता उन युवाओं की आवाज़ है जो डिग्रियों के बावजूद हाशिए पर हैं। यह आदिवासी, ग्रामीण और मेहनतकश तबकों की शैक्षणिक चेतना और हक की माँग को भी स्वर देती है।

17. पूंजी का नाग

पूंजी का नाग फन फैलाए,
जन-मन का विष पीता जाए।
सपनों को सौदे में तौले,
श्रम की लाशें रोज़ उगाए।

जिस राह गया पूंजी का रथ,
वहीं उगे भ्रष्टाचार का पथ।
ईमान की चादर तार-तार,
लालच बना उसका धर्म-अर्थ।

बाज़ारों में बिकते नेता,
धर्म बना अब सौदा-कौड़ी।

जनता के हिस्से झूठे वादे,
लूट बँटाई, सत्ता की गाँठें।

भाषा बाँटी, जाति बाँटी,
धरती बाँटी, नारी काँटी।
हर घर में अब चुप्पी छाई,
पूंजी की गोली हर दिल में समाई।

झारखंड की छाती जलती,
वन-धरती की साँसें थमतीं।
खनिजों पर बैठे गिद्धों की,
भूख कभी भी नहीं थमती।

पर एक चिंगारी बाकी है,
जन-जन की जाँघों में बाँकी है।
उठो कि अब यह युद्ध होगा,
नाग फना और जन गर्जना होगा।

लाल सलाम हल की मूठ को,
मुट्ठी उठे जन-क्रांति की ओर।
पूंजी के बाड़ों को तोड़ो,
जन गण के सपनों को जोड़ो।

जनकविता "पूंजी का नाग" के बारे में

यह कविता समकालीन भारत (विशेषकर झारखंड) में पूंजीवाद, शोषण और जन-संघर्ष की परिघटनाओं को सशक्त प्रतीकों और तीव्र भावभूमि के साथ प्रस्तुत करती है।

1. विषय-वस्तु:

कविता का केंद्रीय विषय पूंजीवादी व्यवस्था की परजीवी प्रकृति और उसके विरुद्ध जन-आंदोलन की आवश्यकता है। यह कविता पूंजी को "नाग" रूपक में चित्रित करती है, जो जनता के श्रम, सपनों और संसाधनों को निगलता जा रहा है।

2. बिंब:

कविता में शक्तिशाली और सजीव बिंबों का प्रयोग हुआ है -

"पूंजी का नाग" - शोषण, नियंत्रण और भय का प्रतीक। "श्रम की

लाशें", "गिद्धों की भूख" - पूंजी के विनाशकारी प्रभाव का अमानवीय चित्रण। "लाल सलाम हल की मूठ को", "मुट्ठी उठे जन-क्रांति की ओर" - क्रांति और वर्ग चेतना के प्रतीक। यह कविता दृश्यात्मकता और प्रतीकात्मकता का उत्कृष्ट संयोजन है।

3. भाव पक्ष:

प्रारंभ में क्रोध, पीड़ा और तिक्त यथार्थबोध है। मध्य में राजनीतिक धोखाधड़ी और सामाजिक विघटन की टीस है। अंत में विद्रोह, साहस और सामूहिक चेतना का उभार आता है। यह कविता पाठक या श्रोता को जाग्रत और आंदोलित करती है - जनकविता की यही शक्ति होती है।

4. शिल्प पक्ष:

कविता तुकबंदी और दोहा-छंद की ध्वनि को अपने ढंग से बरतती है। प्रतीकों की पुनरावृत्ति (नाग, आग, गिद्ध, लाल सलाम) से आंतरिक संगति बनी रहती है। भाषा स्पष्ट, जनसंचार के अनुकूल और लयात्मक है, जिससे जनसभा, रैली या नुक्कड़ नाटक में प्रभावशाली प्रयोग संभव है।

5. विचार पक्ष:

यह कविता मार्क्सवादी, श्रमवादी और जनवादी विचारधारा की गूंज है। पूंजीवाद को एक शोषणकारी राक्षसी सत्ता के रूप में दर्शाया गया है, जो धर्म, भाषा, जाति, स्त्री और प्राकृतिक संसाधनों तक का व्यापारीकरण करती है। लाल सलाम और हल की मूठ का संदर्भ, किसान-श्रमिक एकता और भूमि आधारित प्रतिरोध की चेतना को उजागर करता है।

6. संप्रेषणीयता:

कविता की भाषा सीधी, धारदार और दृश्यात्मक है, जो सामान्य जन तक आसानी से पहुँचती है। इसके प्रतीक और भाव, विशेषतः झारखंड जैसे खनिज-उपजाऊ और शोषणग्रस्त क्षेत्रों में अत्यंत प्रासंगिक हैं।

7. नवीनता:

"पूंजी का नाग" शीर्षक और रूपक में मौलिकता है - यह भारतीय सांस्कृतिक चेतना में नाग के भय और शक्ति को समकालीन पूंजीवाद से जोड़ता है। "जन गर्जना" बनाम "नाग फना" की द्वंदात्मक प्रस्तुति इसे आंदोलनात्मक जनकविता में विशिष्ट स्थान देती है।

8. सामाजिक-सांस्कृतिक संदर्भ:

कविता झारखंड के खनिज संपन्न लेकिन शोषित भूगोल, वनों का दोहन, निजीकरण, राजनीतिक भ्रष्टाचार, और सांस्कृतिक विघटन जैसे यथार्थों पर आधारित है। यह श्रमजीवी, आदिवासी और जनजातीय वर्गों की चेतना और प्रतिरोध की आवाज़ बनती है। स्त्री के टुकड़े किए जाने की पंक्ति सामाजिक विभाजन और पितृसत्ता के विरुद्ध संकेत देती है।

9. अंत में:

"पूंजी का नाग" एक प्रतिरोधात्मक जनकविता है, जिसमें बिंबात्मक शक्ति, वैचारिक स्पष्टता और क्रांतिकारी आवेग तीनों एक साथ उपस्थित हैं। यह साहित्यिकता और आंदोलनधर्मिता का संतुलित रूप है, जो जनांदोलन के दस्तावेज़ के रूप में भी काम करता है।

18. मंदिर नहीं, स्कूल चाहिए!

हर गली में मंदिर बनता,
हर मोड़ पर मस्जिद सजता।
पर बच्चा नंगा सो जाता,
कब स्कूल वहाँ बनता?

घंटी बजे, माइक चिल्लाए,
कथा, नमाज़, हवन दोहराए।
कागज़, पेन को कौन दिलाए?
कौन किताब पढ़ाए?

पंडित, मौलवी खूब कमाए,
बच्चा दो रोटी को तरसाए।

कहाँ गया वो ज्ञान का दीपक?
धर्म ने सब हरसाए।

झूठी पूजा, झूठा व्रत,
न पेट भरे, न कटे अंधेर।
मंदिर-मस्जिद गिरने दो अब,
स्कूल बने अब ढेर!

जहाँ कलश था, हो किताब,
जहाँ घंटा था, हो जवाब।
जहाँ चढ़ा था दूध बहाकर,
वहाँ बहे ज्ञान का आब।

झारखंड की धरती बोले,
बिरसा की आवाज़ डोले।
"पढ़ो, लिखो, सवाल करो रे!
पाखंडों की नींव हिलो रे!"

राम-रहीम की मत सुनो अब,
गुरु, किताब को पकड़ो सब।
मंदिर नहीं, स्कूल चाहिए,
हर बस्ती में, झोल नहीं अब!

जनकविता "मंदिर नहीं, स्कूल चाहिए" के बारे में

यह कविता धार्मिक पाखंड, शिक्षा की उपेक्षा, और सामाजिक प्राथमिकताओं के उलट ढाँचे के विरुद्ध एक तीव्र और जन-संचारी प्रतिरोध है। यह कविता शिक्षा बनाम अंधश्रद्धा के द्वंद्व को सरल, धारदार और बिंबात्मक भाषा में प्रस्तुत करती है।

1. विषय-वस्तु:

कविता की मुख्य विषय वस्तु है - धार्मिक ढाँचों की बेतहाशा वृद्धि बनाम शिक्षा का अभाव। यह कविता झारखंड जैसे पिछड़े और आदिवासी क्षेत्रों में बुनियादी शिक्षा की उपेक्षा और धार्मिक आडंबर की बढ़ती सत्ता के विरोध में स्पष्ट जन-घोषणा करती है।

2. बिंब:

कविता में कई सजीव, विरोधात्मक और प्रतीकात्मक बिंबों का प्रयोग

हुआ है- “हर गली में मंदिर”, “हर मोड़ पर मस्जिद” -धार्मिक ढाँचों की बाढ़ का चित्र। “बच्चा नंगा सो जाता” - ग़रीबी, उपेक्षा और असमानता का मार्मिक बिंब। “जहाँ कलश था, हो किताब” - स्थानांतरण का परिवर्तनकारी बिंब। “जहाँ चढ़ा था दूध बहाकर, वहाँ बहे ज्ञान का आब” - संसाधनों की प्राथमिकता को पलटने की माँग। इन बिंबों के माध्यम से कविता धर्म बनाम शिक्षा के संघर्ष को सशक्त रूप देती है।

3. भाव पक्ष:

कविता में विरोध, क्षोभ और परिवर्तन की लालसा प्रमुख है। न्याय और समानता की चेतना कविता के अंत तक उग्र होती जाती है। अंतिम पंक्तियों में बिरसा मुंडा का आह्वान एक ऐतिहासिक और भावात्मक उभार प्रदान करता है।

4. शिल्प पक्ष:

भाषा सरल, धारदार और जनकविता के अनुकूल है। कविता छंदमुक्त होते हुए भी लयात्मक है, जिससे जनसभा में पाठ संभव और प्रभावशाली बनता है। “जहाँ..., वहाँ...”, “मंदिर..., स्कूल...” जैसी संरचनात्मक पुनरावृत्तियाँ कविता को गेयता और शक्ति प्रदान करती हैं।

5. विचार पक्ष:

कविता स्पष्ट रूप से धर्मनिरपेक्ष, वैज्ञानिक चेतना और समाजवादी मूल्यों की पक्षधर है। यह धार्मिक संस्थानों की आर्थिक-राजनीतिक साठगांठ और उनकी जन-उपेक्षा की निंदा करती है। यह बच्चों की शिक्षा, भूख और अवसरों को केंद्र में रखकर धर्मनिरपेक्ष राष्ट्र निर्माण की बात करती है।

6. संप्रेषणीयता:

कविता जनमानस, विशेषकर ग्रामीण और शहरी गरीब समुदायों के लिए अत्यंत संप्रेषणीय है। इसमें धार्मिक प्रतीकों का प्रयोग बहुत सजग ढंग से आलोचना के लिए किया गया है, जिससे यह कविता चौंकाती भी है और सोचने पर भी मजबूर करती है।

7. नवीनता:

"मंदिर नहीं, स्कूल चाहिए!" जैसा शीर्षक एक नारा बन सकने वाली शक्ति रखता है। धार्मिक ढाँचों के प्रतीकों को सकारात्मक बदलाव के लिए स्थानांतरित करने की कल्पना (कलश → किताब, दूध→ ज्ञान) अद्भुत और मौलिक है। बिरसा की चेतावनी और राम-रहीम के

अतिक्रमण को नकारना - कविता को झारखंडी सामाजिक यथार्थ से जोड़ती है।

8. सामाजिक-सांस्कृतिक संदर्भ:

झारखंड के संदर्भ में जहाँ एक ओर धार्मिक और सांप्रदायिक ध्रुवीकरण बढ़ा है, वहीं शिक्षा और स्वास्थ्य जैसे बुनियादी सवालों की उपेक्षा हुई है। यह कविता झारखंड की आदिवासी चेतना, बिरसा मुंडा की परंपरा और समाज में व्याप्त धार्मिक पाखंड को चुनौती देती है। यह वैकल्पिक समाज की परिकल्पना करती है, जहाँ पूजा की जगह पढ़ाई को महत्व मिले।

9. अंत में:

"मंदिर नहीं, स्कूल चाहिए!" एक तीव्र जन-जागरणकारी और जन-प्रेरक कविता है, जो सामाजिक न्याय, शिक्षा और वैज्ञानिक दृष्टिकोण को बढ़ावा देती है। यह कविता कक्षा, नुक्कड़, मंच और मोर्चा - चारों जगहों पर असरदार हो सकती है।

19. रुपया आम के हाथ में हो

न राजा की तिजोरी में हो,
न साहूकार की जेब में सो,
जो कमाए खेत-खलिहान में,
रुपया उसी के हाथ में हो।

जिसने धरती जोती प्यासी,
जिसने बनायीं रेल-पटरियाँ,
जिसके कंधे बोझ उठाए,
रुपया उसके माथे की बिंदिया!

महलों को जिसने छाया दी,
और खुद टपरी में सोया,

जिसके दम पर चूल्हा जला,
पर खुद भूखा रोया।

अब नहीं चलेगा झूठा सपना,
नहीं चलेगा धीरज का पाठ।
जो पसीना बहाए दिनभर,
मिले उसे पूरा उसका हक़!

मजदूरी ऐसी ना हो भाई,
कि पेट भी आधा भर पाए।
मजदूरी हो सम्मान से भारी,
जीवन में रौशनी लाए।

हर हाथ को काम मिल जाए,
हर होंठ पे गीत बह जाए।
न हो कोई बेरोज़गारी,
न कोई भूखा मर जाए।

सिर्फ मंदिर-मस्जिद नहीं हमें,
कारख़ाना, खेत, कलम चाहिए।
न दान, न भीख, न कृपा हमें,
बस मेहनत का दाम चाहिए!

रुपया आम के हाथ में हो,
हर हाथ में हुनर की बात हो।
तब जाकर यह देश जगेगा,
तब जाकर सच में विकास होगा!

जनकविता "रुपया आम के हाथ में हो" के बारे में

यह कविता आर्थिक न्याय, श्रम की गरिमा, और जनसत्ता के स्वप्न को आधार बनाकर एक जनकवि की स्पष्ट, सशक्त और लोकगंधी अभिव्यक्ति है। इसमें आम जन, श्रमिक और किसान के हाथ में अर्थव्यवस्था का नियंत्रण सौंपने की माँग की गई है।

1. विषय-वस्तुः

कविता की विषयवस्तु है - श्रमिक वर्ग के लिए आर्थिक न्याय और संसाधनों के न्यायपूर्ण पुनर्वितरण की माँग। यह कविता श्रमिकों, किसानों और मेहनतकश वर्ग के लिए विकास के असली हक़दार की

पहचान करती है और कहती है कि देश की समृद्धि उन्हीं के हाथों में सुरक्षित है।

2. बिंब:

कविता में प्रयुक्त बिंब सजीव, प्रभावशाली और प्रतीकात्मक हैं - "रुपया माथे की बिंदिया" - मेहनतकश की पहचान और गौरव का प्रतीक। "महलों को जिसने छाया दी, और खुद टपरी में सोया" - असमानता का तीखा चित्र। "पेट भी आधा भर पाए" - न्यूनतम मजदूरी की विडंबना। "हर हाथ में हुनर की बात हो" - समावेशी विकास की आकांक्षा। इन बिंबों के माध्यम से कविता शोषण और सम्मान के बीच गहरा द्वंद्व खींचती है।

3. भाव पक्ष:

कविता में गुस्सा, दुख और संगठित उम्मीद का समन्वय है। यह श्रम की उपेक्षा के प्रति आक्रोश और सम्मान की माँग के प्रति आत्मविश्वास को जनसंवेदनशील स्वर देता है। अंतिम दो पदों में कविता सकारात्मक सामाजिक-आर्थिक दृष्टिकोण और परिवर्तन की उम्मीद को उजागर करती है।

4. शिल्प पक्ष:

कविता छंदमुक्त होते हुए भी लयात्मक है - एकदम जनकविता शैली में। पंक्तियाँ छोटी, सरल और ताकतवर हैं - जो नुक्कड़, मंच और सभा तीनों के लिए उपयुक्त हैं। पुनरावृत्ति (जैसे "रुपया... हो") और अंत्यानुप्रास (जैसे "हाथ... बात") कविता को काव्यात्मक गहराई देते हैं।

5. विचार पक्ष:

यह कविता लोकतांत्रिक समाजवाद के पक्ष में खड़ी है। यह पूँजीवादी ढांचे की आलोचना करते हुए उत्पादन के साधनों और मुनाफे के पुनर्वितरण की माँग करती है। यह कहती है कि वास्तविक विकास तभी होगा जब आम मेहनतकश जनता को आर्थिक सत्ता में भागीदारी मिलेगी।

6. संप्रेषणीयता:

कविता आमजन की बोली में, सीधे-सपाट ढंग से संवाद करती है। इसकी भाषा और बिंब इतने सटीक हैं कि हर मज़दूर, किसान और छात्र इससे जुड़ सकता है। यह नेताओं की लच्छेदार भाषा की जगह जनसंवेदना को गूँज देती है।

7. नवीनता:

"रुपया आम के हाथ में हो" - इस वाक्य में पूरी कविता का दर्शन और प्रतिरोध निहित है। यह एक नारा बन सकता है। "रुपया माथे की बिंदिया" - एक अत्यंत मौलिक और जनकविता-उपयुक्त बिंब है। यह कविता एक वैकल्पिक आर्थिक नैतिकता की पेशकश करती है।

8. सामाजिक-सांस्कृतिक संदर्भ:

यह कविता झारखंड, ओडिसा, छत्तीसगढ़, मध्य प्रदेश जैसे खनिज-समृद्ध और श्रम-आधारित समाजों में गूँजने वाली आवाज़ है, जहाँ श्रमिक उत्पादन तो करते हैं पर उपभोग में वंचित रहते हैं। कविता का फोकस श्रम की गरिमा, आजीविका की सुरक्षा और अर्थ की जनतांत्रिक पहुँच पर है - जो समकालीन भारत में एक केंद्रीय संघर्ष है। यह कविता भीख, धर्म और दान की जगह अधिकार, काम और दाम को समाज का मूलाधार बनाना चाहती है।

9. अंत में :

"रुपया आम के हाथ में हो" एक सशक्त जनकविता है जो श्रमिक चेतना, आर्थिक न्याय और जनसत्ता के स्वप्न को वाणी देती है। यह क्रांतिकारी राजनीतिक कविता होने के साथ-साथ लोक-संगीत,

नुक्कड़ नाटक और जनसंघर्ष के मंचों पर नारा बनने लायक शक्ति रखती है।

20. जनसच से काँपती सरकार

जनसच लिखे तो जेल मिले,
सरकार का ये हाल देखो।
कलम उठी जो खेतों से,
सत्ता बोले- खामोश रहो!

जिसने लिखा भूख की भाषा,
जिसने पूछा हक़ का हिसाब,
उसके नाम पर छापा मारा,
उसकी राह में फैला नक़ाब।

किसने लूटा जंगल-पहाड़?
किसके दलालों ने बाँटी ज़मीन?

क्यों सूखे नदियों के आँचल?
क्यों सूना है हूल का दिन?

जो ये पूछे, वही गुनहगार?
जो बोले, वही खतरा है?
जनता का दुख दिखाने वाला,
अब राजद्रोह का पत्रा है?

लेखक जो जनता संग हो,
वो अब अपराधी ठहराया है।
कहा "भीख नहीं हक़ चाहिए",
उसे केसों में ही फँसाया है!

जन-सवालों की जो मशालें,
गाँव-गाँव में जलती हैं।
उन्हें बुझाने डरती सत्ता,
झूठ की चादर फैलाती है।

क्यों दबा दी गई आवाज़ें?
क्यों सच पर ताले जड़ते हैं?
क्यों सत्ता के हर दरबार में,
बिकती हैं अब केवल ताजें?

जनता की पीड़ा- सचभाषा
अब कलमों से बहती है।
और उन्हीं कलमों से लड़ने,
हर गद्दी आज सिहरती है।

हम नहीं झुकेंगे, न डरेंगे,
अब कलम हमारी बोली है।
हर चट्टान पे, हर घाटी में,
जनसत्य की ही रोली है!

जनकविता "जनसच से काँपती सरकार" के बारे में

यह कविता समकालीन भारत में राज-सत्ता के दमन, अभिव्यक्ति की आज़ादी पर हमले, और जनकवि व एक्टिविस्ट के दमन के विरुद्ध एक क्रांतिकारी जनप्रस्ताव की तरह खड़ी होती है। इसमें जनपक्षधरता की चेतना, कलम की ताक़त और सत्ता से टकराने का संकल्प मुखर है।

1. विषयवस्तु:

कविता का मुख्य विषय है- जनता के पक्ष में बोले जाने वाले 'सच' पर सत्ता की बर्बर दमनात्मक प्रतिक्रिया। यह जन पत्रकारिता, सामाजिक आंदोलन और हाशिए की आवाज़ों को कुचलने की सरकारी प्रवृत्ति पर सीधा प्रहार करती है। कवि सत्ता द्वारा लेखकों, कार्यकर्ताओं, और जनपक्षीय संवाद को अपराध ठहराने की प्रवृत्ति का पर्दाफ़ाश करता है।

2. बिंब:

कविता में प्रयुक्त बिंब तीखे, प्रतिरोधात्मक और प्रासंगिक हैं -"जनसच लिखे तो जेल मिले" - एक सटीक राजद्रोह-राजनीति का चित्र। "कलम उठी जो खेतों से" -खेतों से उठती चेतनाशक्ति का प्रतीक। "झूठ की चादर फैलाती है" - सत्ता के फ़रेब को उजागर करता बिंब। "जनसत्य की रोली" - सच को पूजा योग्य बना देने वाला क्रांतिक प्रतीक। इन बिंबों में सत्ता और जन-सच के बीच संघर्ष का दृश्यात्मक प्रभाव और वैचारिक तीव्रता दोनों मौजूद हैं।

3. भाव पक्ष:

कविता में आक्रोश, संकल्प और चेतना का मेल है। यह एक ऐसा स्वर है जो डरा नहीं, जूझ रहा है - अत्याचार के विरुद्ध, न्याय के पक्ष में। अंतिम पंक्तियाँ - "हम नहीं झुकेंगे, न डरेंगे" - जन आंदोलन का उद्घोष बन जाती हैं।

4. शिल्प पक्ष:

लयात्मकता, दोहेनुमा विन्यास और पदबद्ध आवृत्ति कविता को जनगीत की तरह गेय बनाते हैं। प्रश्नवाचक शैली (जैसे "क्यों दबा दी गई आवाज़ें?") और निष्कर्षात्मक कथन कविता को संवाद और उद्घोष - दोनों में बांधता है। कविता का शिल्प मंचीय प्रस्तुतियों, जनसभा, नुक्कड़ नाटक व रैली भाषणों के लिए अनुकूल है।

5. विचार पक्ष:

यह कविता जनवादी, प्रगतिशील और अभिव्यक्ति की स्वतंत्रता की पक्षधर है। इसमें राजसत्ता की दमनकारी नीतियों, संसाधन लूट, और सत्ता-कार्पोरेट गठजोड़ की तीव्र आलोचना है। कविता सत्ता को चेताती है कि जनता की आवाज़ को दबाना उसकी अंत की शुरुआत है।

6. संप्रेषणीयता:

कविता सटीक, सहज, और तीव्र संप्रेषण करती है। भाषा लोक की है, शैली आंदोलन की, और स्वर एकजुटता का। यह आम जनता, छात्र, कार्यकर्ता, किसान, लेखक - सभी के लिए सांझा प्रतिरोध का औज़ार बन सकती है।

7. नवीनता:

"जनसच से काँपती सरकार" - यह शीर्षक समकालीन भारत की असहिष्णु राजनीति का ध्वनि चित्र बनाता है। "जनसत्य की रोली" जैसे प्रतीक परंपरागत धार्मिक बिंब को जन-राजनीति से जोड़कर एक नवीन क्रांतिक सौंदर्य गढ़ते हैं। यह कविता केवल विरोध नहीं, बल्कि जनसच को लोक-धर्म में रूपांतरित करने का वैचारिक प्रयास भी है।

8. सामाजिक-सांस्कृतिक संदर्भ:

कविता झारखंड, छत्तीसगढ़, उत्तर प्रदेश, बंगाल, मणिपुर, और दिल्ली जैसे राज्यों में लेखकों, एक्टिविस्टों, और आदिवासी आंदोलनों पर बढ़ते हमलों के संदर्भ में अत्यंत प्रासंगिक है। यह यूएपीए, राजद्रोह, प्रेस पर हमले और फर्जी केसों की पृष्ठभूमि में खड़ी एक जनवादी

प्रतिक्रिया है। यह कविता बिरसा, भगत सिंह और फुले-अंबेडकर की परंपरा में खड़ी होती है, जहाँ कलम और विचार शस्त्र बनते हैं।

9. अंत में:"जनसच से काँपती सरकार" एक समकालीन क्रांतिक जनकविता है जो कविता को संविधान, आंदोलन और प्रतिरोध का औजार बना देती है।

21. एक घूँट में डूब गई ज़िंदगी

एक घूँट में पी गया वो
माँ की ममता, बेटी की नींद,
बीवी के माथे की बिंदिया,
बेटे की उम्मीदें सारी बंद।

नशे की बोतल से छलके
घर के आँगन का अंधकार,
रोटी के संग घुला विषैला
पिता का टूटा आत्मसार।

वो बोतल नहीं,
आग थी भीतर जली हुई,

हर घूँट में
सपनों की अर्थी चली हुई।

मज़दूरी की मेहनत को
शराब ने हर दिन लूटा,
बच्चों की पढ़ाई,
बीवी की आस सब कुछ टूटा।

ये बस नशा नहीं,
एक व्यवस्था की चाल है,
जहाँ शराब बिके खुलेआम
और घरों में मातम लाल है।

जागो, उठो, कहो ज़ोर से,
"ये ज़हर नहीं चाहिए हमें!"

मर्द की ताक़त विवेक में हो,
न शराब के दहकते जहर में।

चलो साथ, जुलूस बनाएं,
हर गली में नारा लगाएं
"रोटी चाहिए, शराब नहीं!"
"सपने चाहिए, घाव नहीं!"

जनकविता "एक घूँट में डूब गई ज़िंदगी" के बारे में

यह कविता केवल शराबबंदी की मांग नहीं करती, बल्कि शराब के सामाजिक, आर्थिक और सांस्कृतिक प्रभावों का बहुस्तरीय विश्लेषण करती है। इसमें एक पीड़ित लेकिन जागरूक समुदाय की पुकार है, जो शोषण के एक गहरे औज़ार - नशे की राजनीति - के खिलाफ संगठित हो रहा है।

1. विषयवस्तुः

कविता की मूल विषयवस्तु है - नशाखोरी का पारिवारिक, सामाजिक और वर्गीय दमन में उपयोग। यह शराब को केवल व्यक्तिगत समस्या नहीं, एक गहरी 'राजनीतिक साजिश' के रूप में देखती है, जो मेहनतकश तबके को बर्बाद करने का औजार है।

2. बिंब:

कविता में बिंबों का प्रयोग अत्यंत मार्मिक और प्रभावशाली है- “माँ की ममता, बेटी की नींद” - एक घूँट में नष्ट होते प्रेम, मासूमियत और भविष्य का चित्र। “बोतल नहीं, आग थी भीतर जली हुई” - शराब को आग और तबाही के प्रतीक के रूप में चित्रित किया गया है। “हर घूँट में सपनों की अर्थी” - शराब के हर घूँट को किसी सपने की मृत्यु में बदलने वाला मर्मस्पर्शी बिंब। “पिता का टूटा आत्मसार” - परिवार के बिखरते अस्तित्व और आत्मसम्मान की त्रासदी।

3. भाव पक्ष:

कविता करुणा, पीड़ा, क्षोभ और अंततः प्रतिरोध से भरी है। यह केवल एक महिला या बच्चे की व्यथा नहीं है - यह पूरे समुदाय के बिखरने की अनुभूति है। अंत में जो क्रांतिकारी स्वर है - "चलो साथ, जुलूस बनाएं" - वह जनप्रतिरोध की सच्ची लय है।

4. शिल्प पक्ष:

कविता छंदहीन लेकिन लयबद्ध है, प्रभावी अनुकूल दोहों और मुक्त छंदों का मिश्रण करती है। भाषिक विन्यास सीधा, संवादात्मक और आंदोलनीय है।

अंतिम दोहा शैली में उभरे नारे –
"रोटी चाहिए, शराब नहीं!"
"सपने चाहिए, घाव नहीं!"
इसे जनगीत, पोस्टर और रैली के लिए अत्यंत उपयुक्त बनाते हैं।

5. विचार पक्ष:

यह कविता नशा विरोधी चेतना को एक वैचारिक आन्दोलन से जोड़ती है। शराब को केवल नैतिक दोष न मानकर, इसे एक राजनीतिक/आर्थिक साजिश की तरह देखा गया है - "एक व्यवस्था की चाल है"। यह कविता स्त्री दृष्टिकोण, श्रमिक वर्ग की पीड़ा और सामूहिक प्रतिरोध को एक साथ जोड़ती है।

6. संप्रेषणीयता:

अत्यंत सुलभ, गूंजदार और जनमानस से जुड़ी भाषा में रची गई यह कविता संप्रेषण के स्तर पर बेहद सशक्त है। यह शहरी-ग्रामीण

दोनों दर्शकों में समान रूप से असर पैदा कर सकती है।

7. नवीनता:

शराब पर कई कविताएँ होती हैं, लेकिन यह रचना शोषण और वर्गीय षड्यंत्र के रूप में शराब के उपयोग की चर्चा करती है। "हर घूँट में सपनों की अर्थी चली हुई" जैसा बिंब कविता को साहित्यिक व राजनीतिक दोनों धरातलों पर ऊँचाई देता है।

8. सामाजिक-सांस्कृतिक संदर्भ:

झारखंड, ओडिसा, बंगाल, मध्यप्रदेश, छत्तीसगढ़ जैसे राज्यों में नशे के प्रभाव और उसके पीछे सत्ता-पूंजी गठजोड़ एक गंभीर सामाजिक चुनौती है। आदिवासी और मेहनतकश समुदायों को "राजस्व के नाम पर शराब" से बर्बाद किया गया है। यह कविता जनजातीय महिला संगठनों, छात्र समूहों और नशाबंदी आंदोलनों के लिए घोषणापत्र सरीखी है।

9. अंत में:

"एक घूँट में डूब गई ज़िंदगी" एक अत्यंत सशक्त, गहन और जनवादी कविता है। यह नशे के खिलाफ एक जन-संगीत, जन-घोषणा और जन-जागरण की भूमिका में है। यह केवल कविता नहीं - जवाब है उस चुप्पी का जो शराब के नाम पर थोपी जाती है।

www.ingramcontent.com/pod-product-compliance
Lightning Source LLC
LaVergne TN
LVHW010754051026
849532LV00007B/2368